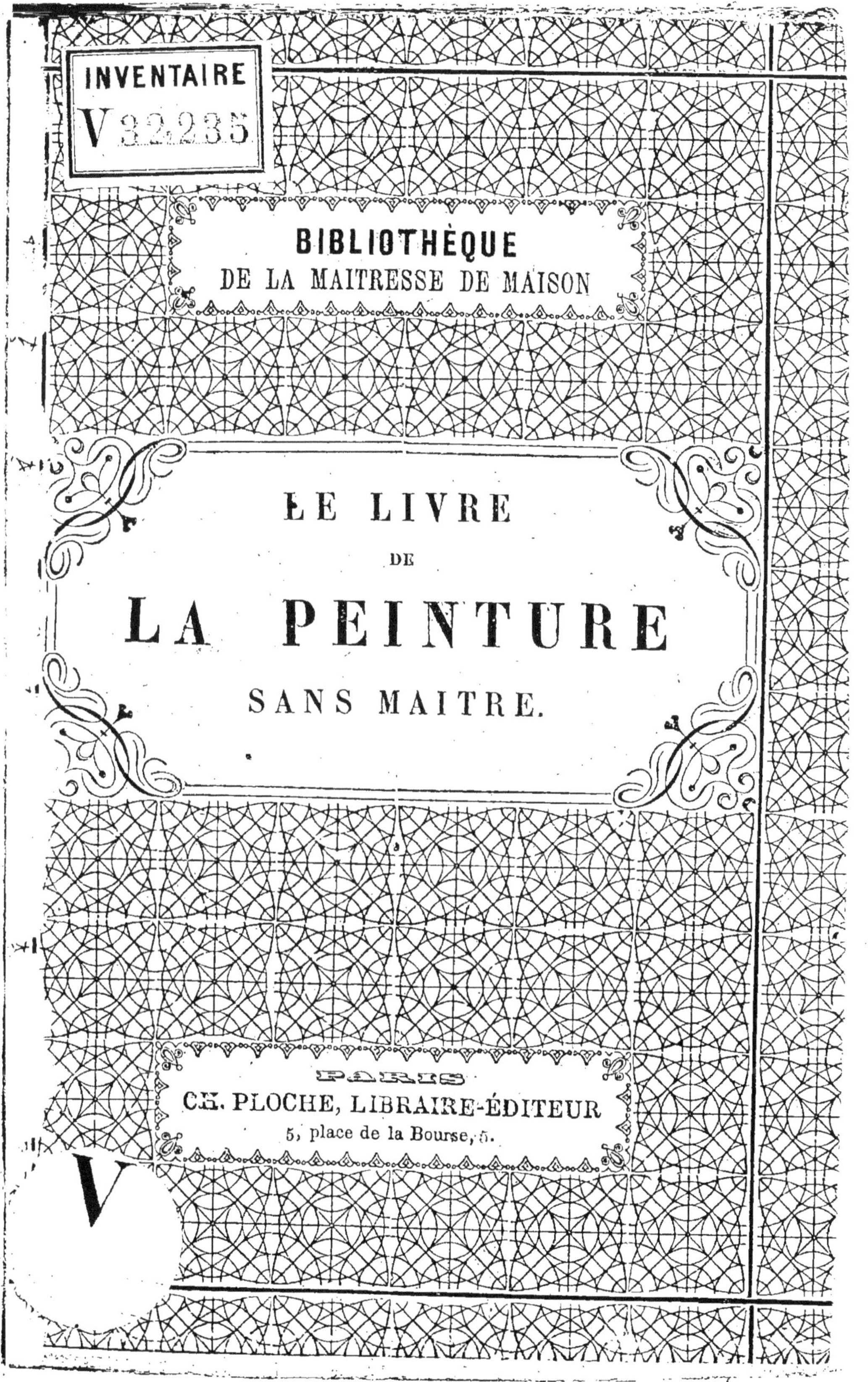

LE LIVRE

DE

LA PEINTURE

SANS MAITRE.

PARIS
CH. PLOCHE, LIBRAIRE-ÉDITEUR
5, place de la Bourse, 5.

LE LIVRE

DE LA PEINTURE

SANS MAITRE.

Paris. — Imprimerie Bonaventure et Ducessois,
55, quai des Augustins.

LE LIVRE

DE

LA PEINTURE

SANS MAITRE

PAR

Mme ROUGET DE L'ISLE.

PARIS

CH. PLOCHE, LIBRAIRE-ÉDITEUR,

5, place de la Bourse.

LE LIVRE

DE LA PEINTURE

SANS MAITRE.

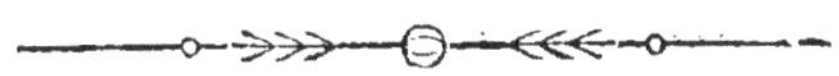

Peinture à l'aquarelle.

Elle se fait sur du papier collé, ou sur du vélin, ou sur du carton-bristol, du parchemin, etc., avec des couleurs transparentes gommées, que l'on vend toutes préparées, sous la forme de pains ou tablettes rondes ou rectangulaires; on frotte ces couleurs, avec un peu d'eau, sur une palette ou, à son défaut, sur une assiette en faïence ou en porcelaine, qui rend le même service. L'on peint avec des pinceaux de martre ou de putois; toutefois, nous n'entreprendrons pas de dire comment on peint ou comment on doit peindre à l'aquarelle; un pareil travail nous mènerait trop loin, et encore craindrions-nous de n'avoir pas tout dit. On peut, d'ailleurs, consulter avec plus de profit le Traité de peinture à l'aquarelle par M. Isabey, ou celui de M. Thénot.

Nous donnerons, cependant, les instructions nécessaires pour peindre et colorier les gravures et les lithographies, collées ou décalquées sur verre, en les accompagnant de trois modèles pour servir d'exemples (*voyez* planche I).

Pour colorier les gravures et les lithographies qui s'impriment ordinairement sur papier sans colle, il faut préalablement les encoller.

Pour se servir de l'encollage (nous copions les instructions données par M. Melhiac), on prend un de ces pinceaux larges et plats qu'on appelle *queues de morue* ; on place les feuilles devant soi sur une table et toutes posées les unes sur les autres, on passe légèrement et partout, sur le côté gravé ou lithographié de l'épreuve, le pinceau trempé dans l'encollage ; on retourne la feuille, on en fait autant sur le verso, on enlève celle-là, et l'on recommence sur une autre.

Pour les faire sécher, plusieurs coloristes suspendent les épreuves ainsi mouillées sur des cordes ; d'autres les étalent par terre sur des draps ; mais la corde peut laisser une ligne jaune sur les feuilles ou un pli qui ne s'efface pas : le second moyen est assez incommode. On doit préférer les suspendre par deux angles à une corde en les fixant avec des épingles en bois, connues sous le nom d'épingles de blanchisseuse.

Quand elles sont à peu près sèches, on les retire et on les pose les unes sur les autres.

Elles sont alors encollées et doivent être aussi blanches et aussi fraîches que lorsqu'elles sont sorties de l'imprimerie.

Peinture à la gouache.

C'est une peinture pour laquelle on emploie des couleurs en poudre qu'on détrempe avec de l'eau et de la gomme ou de la colle de peau. Elle diffère de la peinture à l'aquarelle en ce qu'on y emploie des couleurs opaques, moins transparentes, et beaucoup de blanc pour dégrader les tons et couvrir certaines parties du sujet.

Peinture en couleurs à l'eau,

Pour laquelle la médaille d'Isis a été accordée à M. C. J. Robertson par la Société d'encouragement de Londres (*Trans. of the Society for the encouragement*, t. LXVIII, 1829, p. 38).

On peint sur du papier de Bristol, fixé avec de la colle sur une toile, que l'on préserve de l'action de l'air et de l'humidité en y collant par derrière une feuille d'étain. Après avoir tracé purement les traits du dessin avec un crayon de plombagine, on humecte le papier avec de l'eau, dans laquelle on dissout un peu de fiel de bœuf. On donne, d'abord, une teinte avec du brun de Van-Dyck et la quantité nécessaire d'eau de gomme. Pour obtenir cette teinte, l'on peut employer aussi la sépia ou d'autres couleurs. On emploie le brun de Van-Dyck et la sépia pour faire les ombres et les demi-teintes, les plaçant successivement et conservant avec soin les contours sans adoucir les bords. Ces premières teintes sont faibles; on les couvre ensuite par des lumières vives et, après plusieurs teintes, on se sert d'une grosse brosse bien mouillée pour étaler les couleurs, en ayant bien soin d'épargner les clairs; on continue cette opération jusqu'à ce que les ombres paraissent de la teinte convenable. Les demi-teintes doivent être beaucoup plus fortes qu'il ne paraît nécessaire, parce qu'elles perdent beaucoup de leur ton, quand on a appliqué les autres couleurs. Quand les premières teintes sont à peu près sèches, on peint les carnations avec de la laque de garance, qui est très-durable pour les chairs de femmes, et, pour les autres, avec le *rouge indien* ou le *rouge de Venise* (carmin brûlé). On lave de la même manière jusqu'à ce qu'on ait obtenu les tons convenables ; on peint ensuite avec de l'ocre jaune, ou de la terre de Sienne, et, pour les bruns des chairs, avec de la terre de Sienne brûlée. Les fortes ombres sont faites avec le brun de Van-Dyck, ou la terre d'ombre brûlée, mêlée avec le brun de garance, ou le rouge indien. Quand le tableau est porté au degré de ton convenable, on passe dessus, avec une grosse brosse, une légère dissolution adragante, à laquelle il est mieux d'ajouter un peu de gomme arabique, en prenant le soin de ne pas passer deux fois sur le même point, avant qu'il soit sec et de ne laisser aucune épaisseur qui formerait des raies. Le mieux est de passer la brosse en couches parallèles, dont les bords se touchent. On peut répéter plusieurs fois l'opération, en laissant chaque fois sécher le papier, et on obtient une excellente surface pour travailler, et qui prend les couleurs d'une manière surprenante. On termine alors le tableau en le recouvrant de gomme adragante, jusqu'à ce qu'il soit achevé ; on le vernit alors avec une dissolution, dans l'alcool, de colle de poisson préalablement gonflée dans l'eau, qui en augmente la solidité, l'éclat et la durée ; et comme la colle de poisson n'est soluble dans l'alcool qu'au point d'ébullition, on peut laver le tableau avec de l'alcool froid sans inconvénient.

M. Robertson recommande de peindre tout, en général, excepté les clairs, avec des couleurs sans éclat, vernissant, d'abord, avec la dissolution de gomme adragante, et enfin avec de la colle de poisson.

En employant toutes les couleurs séparément et sans mélange pour les ombres, les couleurs paraissent si brillantes qu'aucune des couleurs brillantes ne doit être employée, excepté la laque de garance. Toutes les couleurs sont terreuses, et il n'est pas nécessaire d'employer de jaune plus brillant que l'ocre jaune. Les lumières conservent ainsi toujours leur pureté et les ombres toute leur force, ce qui n'a pas lieu dans la peinture à l'huile, où les premières deviennent plus foncées et les dernières plus faibles. Le vernis nécessaire pour hausser le ton des ombres devient graduellement opaque et doit être enlevé après quelque temps, ce qui est dangereux, même entre des mains habiles.

Peinture à fresque facile à exécuter.

(Journal des connaissances nécessaires, 1840, page 47.)

Cette peinture, qui est connue à Gênes et à Rome sous le nom de peinture *a sgraffito* ou *à égratignure*, peut servir pour la décoration d'intérieur et d'extérieur. Plus facile à exécuter que la fresque, elle résiste mieux aux injures de l'air, et son exécution est moins coûteuse.

Voici la première opération que l'on fait exécuter par un maçon : on prend de la chaux vive, du sable très-fin, on en fait, à l'aide de l'eau, un mortier, que l'on colore en gris plus ou moins foncé en y ajoutant du noir de fumée ; on mêle le tout exactement. Lorsque ce mortier est préparé, on en recouvre les endroits que l'on veut peindre ; et, lorsqu'ils sont bien lissés et bien secs, on les blanchit avec de la chaux délayée dans de l'eau, contenant de la colle. Cette dernière couche étant sèche, on trace les dessins à exécuter, à l'aide de patrons ou poncis, piqués à jour qu'on applique sur le mur, et on fait ressortir les piqûres, formant les contours du dessin, en faisant usage d'un petit sac de mousseline, rempli de poudre de charbon, qui, frappé sur les traits, fait passer la poudre de charbon à travers les piqûres, et fournit un dessin, formé de petits points noirs (*voyez* planche II).

Lorsque le dessin est ainsi tracé, le peintre, en se servant d'une ou de plusieurs pointes de fer ou d'acier, unies ensemble, et formant une espèce de fourchette ou brosse, trace les objets, leur donne la rondeur nécessaire par des hachures. Le fond noir ou gris, qui est sous la couleur blanche, paraît alors, et forme les traits; dans les demi-teintes on met un gris-léger, comme celui que l'on forme avec l'encre de la Chine, pour les lavis des plans.

Manière d'enluminer les estampes et de leur donner le lustre de la peinture à l'huile. — Il parut en France, en 1773, un petit écrit intitulé : *Manière d'enluminer l'estampe posée sur une toile.* Voici en deux mots ce procédé, qui a été publié, il y a vingt ans, comme une invention nouvelle.

On emploie préférablement, pour ce genre de peinture, les estampes en manière noire, cependant tous les dessins, les gravures, les lithographies à la plume et au crayon peuvent servir. Vous humecterez le revers de l'estampe avec une éponge mouillée, et vous l'étendrez également sur une table, dans une serviette, pour enlever l'eau superflue; lorsqu'elle sera encore moite, vous la poserez sur un cadre bien juste, pour que la gravure se voie en entier au travers du carré; vous rabattrez le papier blanc qui sert de bordure à l'estampe sur les côtés du cadre, que vous aurez auparavant enduits de colle. Lorsque le tout sera bien sec, l'estampe sera tendue et ferme comme la peau d'un tambour. Cette opération faite, vous appliquerez sur les deux faces de l'estampe un vernis qui la rendra transparente. Vous placerez le cadre en face du jour, comme si vous vouliez calquer un dessin à la vitre, et vous appliquerez les couleurs sur le derrière de l'estampe. Vous retournerez de temps en temps l'estampe pour voir si vous ne vous trompez pas. Une couleur ne doit jamais être appliquée que l'autre ne soit sèche, et vous aurez soin que ces couleurs ne tranchent point durement; vous finirez par prendre un second châssis, revêtu d'une toile fine et exactement tendue, comme une toile de tableau. Vous aurez soin que ce châssis s'emboîte exactement dans le premier, afin que la toile touche immédiatement l'estampe du côté de la gravure; vous encollez la toile avec de la colle de Flandre liquide, vous appliquez dessus l'estampe coloriée, vous la laissez sécher et vous la coupez ensuite sur les quatre côtés afin d'enlever le cadre. Cela fait, le côté où les couleurs sont appliquées pourra recevoir une ou plusieurs couches de vernis, et ces couleurs prendront alors un ton très-brillant.

Au lieu d'appliquer l'estampe coloriée sur une toile à tableau, on se contente de couvrir le revers d'un papier noir, et l'on vernit.

C'est à peu près de la même manière qu'on *enlumine une estampe posée sur verre*, ainsi que les *tableaux pour diorama* ou les écrans de lumière, ainsi appelés sans doute parce qu'on ne voit bien l'enluminure qu'en les regardant par transparence.

Moyen de faire la peinture sur velours de coton, par M. C. Pajot-Descharmes[1]. Tout le monde connaît, dit M. Pajot-Descharmes, la beauté des peintures sur velours pour meubles, par M. *Vauchelet*[2]; l'admira-

---

[1] *Annales de l'industrie nationale et étrangère*, juillet 1826, p. 74.

[2] Bien avant M. Vauchelet, on peignait et on imprimait, en France, le velours de coton; dès l'année 1756, le sieur Bonvalet, à Amiens, était parvenu à imprimer et à peindre à l'huile toutes les étoffes, même celles de laine.

tion qu'excitent ces produits m'a fait désirer d'exécuter le procédé dont M. *Vauchelet* passe pour inventeur, procédé qui a été breveté pour cinq ans à dater de 1810, et qui se trouve inséré dans le tome V des brevets publiés en 1823 ; mais quelle fut ma surprise quand, après avoir exécuté très-exactement le procédé dont il s'agit, je reconnus qu'il était non-seulement impraticable pour l'objet indiqué par M. *Vauchelet*, mais encore que son emploi serait infiniment préjudiciable quand, même l'un des deux vices dont il est entaché n'existerait pas ! Ces vices sont :

1° Dans la préparation de l'huile, qui, par l'action des ingrédients désignés, est rendue absolument noire;

2° Dans son coulage sur l'étoffe, et le transpercement de celle-ci.

Frappé de ces résultats que j'avais soupçonnés en partie, à la simple lecture de la description du brevet, je n'hésitai pas à croire que, pour perpétuer sa jouissance, l'inventeur avait substitué un tout autre procédé au véritable, et que, par ce moyen, il ne pouvait avoir aucune crainte sur la non-conservation de sa propriété [1].

Après que j'ai eu cette conviction, je conseillai à une personne le procédé suivant :

1° D'étendre avec un pinceau sur son velours, tant à son envers qu'à son endroit, une couche de dissolution de gomme *adragante* [2], la plus blanche possible ;

2° D'amalgamer ses couleurs avec de l'huile de lin épurée et clarifiée.

---

[1] Ce qui appuie cette assertion, c'est que M. Vauchelet paraît être, jusqu'ici, le seul qui emploie ses procédés, c'est-à-dire ceux qu'il s'est réservés et qui diffèrent, par conséquent, de ceux décrits et publiés.

[2] Pour plus de célérité, il serait possible de plonger l'étoffe dans cette dissolution en prenant certaines précautions.

L'expérience en ayant été faite de suite, il fut reconnu que non-seulement les couleurs vives et délicates conservaient leurs nuances, mais encore que l'huile ne s'étendait pas au-delà des couleurs appliquées, et ne transperçait pas l'étoffe.

De cette épreuve il résulterait : 1° que ce nouveau procédé remplacerait avantageusement celui de M. *Vauchelet* ;

2° Que celui que cet auteur a décrit ne saurait être appliqué à l'emploi qu'il a indiqué, emploi qui serait d'ailleurs très-dommageable à la personne qui en ferait usage.

Manière de faire la peinture en mosaïque avec des soies ou des laines coupées.

(*Dictionnaire de l'Industrie*, par Duchesne.)

Madame Rosée, née à Leyde en 1632, au lieu d'employer des couleurs ou des crayons colorés, se servait ingénieusement de soies de toutes les nuances, qu'elle avait eu grand soin d'éplucher et de séparer dans des boîtes particulières ; il est aisé de concevoir qu'elle appliquait avec de la gomme ces brins de soie presque imperceptibles, comme des pièces de rapport, de manière à imiter les couleurs, en observant d'employer artistement les nuances les plus délicates.

Ce que nous venons de transcrire engagera, nous l'espérons, quelques personnes à essayer le procédé. L'on pourrait faire ainsi de forts jolis dessins sur papier et sur toute espèce d'étoffe, en employant des laines coupées finement, telles que les laines *tontisses*. L'adoption de ce genre de peinture offrirait un travail facile et aussi utile qu'agréable.

Procédés de peinture sur verre.

Manière de peindre les gravures décalquées ou collées sur verre. — Nous empruntons toutes les instructions sur cette matière à l'auteur d'un livre intitulé : *Moyen de devenir peintre en trois heures, et d'exécuter au pinceau les ouvrages des plus grands maîtres, sans avoir appris le dessin* (Amsterdam, 1772).

« Il ne faut, pour réussir dans ce genre de peinture (dit l'auteur), que la volonté de s'y amuser. » Le fait est exact, et toute personne qui n'a reçu aucune notion du dessin peut le vérifier en exécutant rigoureusement les indications suivantes :

Choix et préparation de l'estampe. — Vous choisissez des estampes en manière noire ; elles valent mieux que les autres pour ce genre de peinture, parce qu'elles sont plus légèrement empreintes et plus ombrées.

Vous emplissez un grand vase d'eau bouillante, et vous y mettez l'estampe pour s'imbiber.

Quand on fait tremper les estampes dans l'eau bouillante, il faut les y laisser une heure ; ou dans l'eau froide, au moins douze heures.

Choix des couleurs. — Vous prenez des couleurs broyées à l'huile de noix ou de lin pour peindre sur le revers de l'estampe, après qu'elle est apprêtée et collée sur le revers. Vous mettez les couleurs, chacune séparément, dans de petits pots de faïence ou de porcelaine, et vous les rangez dans l'ordre suivant en les étiquetant.

Blanc de plomb,		Orpin rouge (on peut s'en passer),
Jaune de Naples {	que l'on peut remplacer par le jaune de chrôme ou un peu de blanc.	Outremer, Bleu de Prusse, Terre d'ombre, { remplacées plus avantageusement Terre d'Italie, } par la terre de Sienne calcinée.
Ocre jaune clair.		

<table>
<tr><td>Ocre de rue ou ocre jaune foncé,
Stil de grains clair,
Stil de grains brun,
Carmin,
Cinabre ou vermillon,
Brun rouge ou ocre rouge,
Laque de cochenille ou de garance,</td><td>l'on peut s'en passer.</td><td>Terre verte,

Orpin jonquille,

Noir de pêche,
Noir d'ivoire,
Noir d'os.</td><td>à remplacer par la laque jaune ou l'ocre jaune.</td></tr>
</table>

Observation générale. — L'outremer et le bleu de Prusse ne s'emploient jamais purs.

Qualité et préparation du verre. — Choisissez un verre blanc très-uni, qui ne renferme ni bouillons ni stries, en un mot qui soit d'un poli parfait ; chauffez-le doucement devant le feu d'une cheminée, prenez-le avec une serviette, de peur de vous brûler, et essuyez-le bien.

Tandis que votre verre est chaud, étendez sur l'une de ses surfaces de la térébenthine de Venise, avec un pinceau plat, de façon qu'il n'y subsiste aucun grumeau et qu'elle soit répandue partout également.

Mettez ensuite votre verre sur un réchaud, qui contient un peu de cendre chaude, afin qu'il conserve sa chaleur.

Deuxième préparation de l'estampe. Étendez une serviette propre sur une table, et retirez votre estampe du vase, dans lequel elle trempe ; prenez-la du bout des doigts et couchez-la sur votre serviette.

Prenez une autre serviette et posez-la sur votre estampe, en appuyant légèrement dessus pour l'imbiber de la plus grande partie de l'eau que celle-ci contient.

Application de l'estampe sur le verre. — Vous levez l'estampe avec le bout des doigts, et vous appliquez le côté de sa surface imprimé sur celui du verre chargé de la térébenthine, très-doucement, en commençant par un bout et finissant par l'autre ; prenez garde surtout qu'il ne se fasse et ne reste aucun vent ni vide entre l'estampe et le verre.

Troisième préparation de l'estampe.—Posez votre verre, chargé de son estampe, sur vos deux serviettes, qui sont étendues sur la table, et, pendant que cette estampe est encore humide, frottez le revers avec le doigt, pour enlever les couches de papier ; celui-ci se détachera par petites parcelles, à l'exception du dessin et d'une faible couche de papier, qui restera fixée par la térébenthine sur toute la surface du verre.

Pendant que cette couche de papier séchera, vous préparez votre palette.

Arrangement des couleurs. — Il faut charger le devant de blancs de plomb ; placez à côté les couleurs jaunes, puis les rouges, ensuite les brunes et les noires.

Examinez si votre estampe est sèche ; prenez alors un de vos pinceaux, trempez-le dans de l'huile de noix, que vous étendez sur toute la surface de votre papier.

L'huile rendra votre papier presque aussi transparent que le verre.

Gradation des couleurs de chair. —Les carnations tendres de femme et d'enfant se font en broyant avec le couteau une petite pointe de bleu dans du blanc de plomb et qui sert pour les grands clairs. Il faut placer cette teinte sur un coin de la palette, où vous en composez une seconde avec une certaine quantité de blanc de plomb, à laquelle on joint un peu de jaune de Naples. C'est elle qui fait la base de toutes les teintes des chairs : la troisième teinte est formée avec une partie de la précédente, à laquelle on ajoute très-peu de carmin.

Chairs ombrées.— Si les contours des chairs ne sont que faiblement ombrés, six teintes dégradées suffisent ; mais, quand ils le sont beaucoup, on en fait ordinairement huit, dont la septième et la huitième sont composées de cinabre et de jaune de Naples. Lorsque vous trouverez une masse d'ombres et immédiatement après un clair, vous ferez une teinte bleuâtre, composée de blanc et de bleu, que vous placerez sur le clair, en sorte qu'il se perde avec la teinte de l'ombre, que vous composerez de cinabre et de jaune de Naples.

Teintes des carnations d'homme et de vieillard. —La première teinte est composée de blanc de plomb et une quatrième partie de jaune de Naples : elle sert pour les coups de lumière ; la seconde teinte est composée d'une partie de la première, à laquelle on joint un peu de cinabre ; pour la troisième on augmente le cinabre ; pour la quatrième, on y ajoute une petite pointe de brun-rouge ; à la cinquième, du brun-rouge sans cinabre ; à la sixième, plus de brun-rouge encore ; cette dernière sert pour toutes les parties ombrées des chairs.

OEil bleu. — Lorsqu'on peint les cheveux blonds, il faut toujours faire des yeux bleus, grands, vifs et bien fendus. Examinez bien le point de lumière ; mettez-y un point blanc, et sur la prunelle un point noir ; chargez le contour de l'œil d'une teinte brune, et le reste de la lumière d'une teinte bleue, composée d'une petite pointe de bleu dans du blanc de plomb.

OEil brun, cheveux bruns. — Lorsque les yeux sont bruns, les cheveux doivent aussi être de cette couleur. Pour faire l'œil brun, vous marquez le point de lumière et la prunelle comme vous venez de le faire aux yeux bleus ; chargez les contours de l'œil d'une teinte brune et le reste de lumière avec une petite pointe de noir broyé avec la sixième teinte des chairs.

Cheveux blonds. — Les blonds se font avec la teinte

2

composée de blanc de plomb, de jaune de Naples, et une petite pointe de noir d'os.

Cheveux bruns. — La teinte des cheveux bruns se fait avec une petite pointe de noir, broyé avec la sixième teinte des chairs.

Cheveux blancs. — Les cheveux blancs des vieillards se font avec du blanc de plomb, mêlé d'une petite pointe de noir de pêche ; et, pour les ombres, il faut un peu moins de blanc et un peu plus de noir.

Linge. — Pour imiter la couleur du linge, il faut faire trois teintes : la première est composée de blanc de plomb et d'une petite pointe de bleu ; la seconde, de blanc de plomb et de très-peu de noir d'ivoire, et la troisième, de blanc de plomb, d'une huitième partie de noir d'ivoire et de la même quantité d'ocre jaune. La première de ces teintes est pour faire les grands clairs ; la seconde, pour les demi-teintes, et la troisième, pour les ombres.

Draperies en général, habits, tapisseries, linges et autres étoffes. — La science de les bien rendre consiste dans l'exécution des couleurs et des plis, dans l'adhérence plus ou moins prononcée de l'étoffe au corps qui la porte et dans le caractère soit de légèreté, soit de mouvement, par rapport aux figures qui sont dans l'agitation ou exposées au vent.

Draperie blanche. — Il n'entre dans la première teinte que du blanc de plomb ; elle ne sert que pour les clairs. Pour former la seconde teinte, vous y joignez une petite pointe de noir d'ivoire ; on l'emploie pour les demi-teintes. Dans la troisième, il entre un peu plus de noir d'ivoire que dans la seconde ; cette dernière est pour les ombres.

Draperie bleue. — Pour la première teinte, il faut huit fois autant de blanc de plomb que de bleu ; pour la deuxième teinte, une partie de bleu sur quatre de blanc de plomb ; pour la troisième teinte, une partie de bleu sur deux parties de blanc de plomb.

Draperie violette. —Il faut commencer par composer une première teinte, qui forme les autres : elle est composée d'une partie de bleu et de quatre parties de carmin ou de laque fine.

Pour première teinte, une partie de cette base à laquelle vous joignez quatre fois autant de blanc de plomb ; pour seconde teinte, vous ajoutez une partie de blanc de plomb seulement ; la troisième teinte sera la base ci-dessus.

Draperie verte. — Une partie de bleu de Prusse et quatre fois autant de jaune de chrome donnent un très-beau vert.

La différence de vos teintes se fera en y mêlant plus ou moins de blanc de plomb ; pour les parties plus ou moins éclairées et pour les ombres, vous vous servirez de la première teinte.

Avec plus ou moins de jaune de chrome ou d'ocre jaune et de bleu de Prusse, vous composerez les différents verts.

Draperie grise. —Blanc de plomb avec du noir de pêche, plus de blanc de plomb pour les clairs, et plus de noir pour les ombres.

Draperie d'or. — Jaune de chrome pour les brillants, ocre de rue pour les demi-teintes, brun-roue pour les ombres fortes.

Draperie d'argent. — Il faut une petite pointe de bleu dans du blanc de plomb, pour les clairs ; pour les demi-teintes, un peu de noir de pêche avec du blanc de plomb ; pour les ombres, plus de noir.

Draperie jaune. — Il n'entre dans la première teinte que le jaune de Naples ; dans la seconde, de l'ocre jaune, et dans la troisième, de l'ocre de rue.

Draperie couleur de rose. — La première teinte se fait avec trois parties de blanc de plomb mêlées avec une quatrième partie de carmin; à la seconde teinte, vous mettez moins de blanc de plomb et plus de carmin; vous employez, pour la troisième teinte, le carmin seul.

Draperie couleur de feu.—Pour rendre la couleur de feu, vous broyez ensemble moitié cinabre et moitié laque fine, et mettez cette teinte à part pour en faire la base de trois teintes.

Première teinte : une partie de la base et y joindre une quatrième partie de blanc de plomb ; la seconde teinte, avec la même base, à laquelle vous joignez moins de blanc ; troisième teinte, c'est la base toute seule, c'est-à-dire moitié cinabre et moitié laque fine.

Draperie pourpre.—Première teinte : de la laque et une quatrième partie de blanc de plomb ; seconde teinte : de la laque et moins de blanc de plomb ; troisième teinte : de la laque seule.

Lorsque dans les draperies il se rencontre de fortes ombres, il est nécessaire d'y donner des coups secs de brun-rouge, en suivant exactement les dispositions où se trouveront les ombres, et prenant bien garde de trancher.

Le brun-rouge est très recommandé, parce que cette couleur fait luire le gris de l'estampe et qu'elle est en harmonie avec les quatre couleurs (jaune, rose, couleur de feu, pourpre).

Raisins noirs.—Les raisins noirs se font avec de la laque fine et deux fois autant de *bleu de Prusse* ; marquez à chaque grain les coupes de *lumière par un point blanc*, et faites les ombres rougeâtres avec un peu de cinabre dans la teinte.

Raisins blancs.—Faites les raisins avec le blanc de

plomb et un peu d'ocre jaune, mêlés ensemble ; ajoutez-y une très-petite pointe de bleu ; marquez le point de lumière des grains avec du blanc pur et les reflets avec un peu de jaune dans la teinte.

Arbres.—Les arbres touffus et ramassés ensemble sont faits avec des verts variés.

Feuilles vert-clair.—Rendez les feuilles les plus éclairées avec une teinte composée d'une partie de bleu de Prusse et de quatre parties de chrome.

Feuilles vert-ombré. — Peignez-en d'autres avec une teinte composée d'une partie de bleu de Prusse et de deux fois autant de stil de grain clair (à remplacer par du jaune de chrome et un peu de terre de Sienne), dont vous vous servirez pour peindre aussi le buisson.

Feuilles mortes.—Colorez encore quelques feuilles mortes, et choisissez, pour cet effet, celles qui sont les plus ombrées. La teinte qui doit les former est composée d'ocre jaune et d'une petite pointe de brun-rouge.

Avant de faire les feuilles du haut des arbres de différents verts, vous colorierez, d'abord, leurs troncs et leurs rameaux, ensuite vous colorierez le ciel, les nuages et l'horizon ; le ciel qui doit paraître à travers les feuilles, doit être peint avec ces mêmes feuilles, qu'il faut peindre avec la pointe du pinceau.

Troncs d'arbres. — La couleur pour peindre les troncs d'arbres est composée d'ocre rouge ou d'ocre jaune dans les endroits les plus éclairés, et, pour les ombres, il faut donner quelques touches d'ocre de rue et d'autant de bleu.

Le ciel.—La teinte pour le ciel pur se compose avec du *bleu d'outremer* et quatre fois autant de blanc de plomb.

L'horizon.—La teinte qui rend l'horizon se fait avec

du blanc, un peu de cinabre et une petite pointe de jaune de Naples.

Les nuages.—La teinte qui donne les nuages se fait avec le blanc de plomb et une petite pointe d'ocre jaune : vous nuancez votre ciel et vous l'éclairez parfaitement.

Coloration des arbres.— Coloriez les feuilles des uns avec vos précédentes teintes, et celles des autres avec une nouvelle teinte, composée d'une partie de bleu de Prusse et de deux parties d'ocre jaune.

Arbres dans le lointain. -- Il faut faire les arbres dans le lointain encore avec une teinte différente : vous la composez avec beaucoup de blanc, de bleu et très-peu de jaune.

Montagnes éloignées.—Il faut les peindre en gris de lin, ce qui se fait avec une pointe de laque fine dans une suffisante quantité de blanc de plomb. S'il y en a deux qui se touchent, il faut en varier une avec une teinte bleuâtre.

ARCHITECTURE.

Pierres. — Les teintes pour l'architecture et les pierres demandent, pour les clairs, du blanc avec une petite pointe de bleu, et, pour les ombres, un peu de noir dans du blanc avec une petite pointe d'ocre rouge.

Chaume. —On imite la couleur du chaume avec l'ocre jaune et le blanc de plomb à peu près en parties égales.

Paille. — La paille se fait avec l'ocre de rue mêlée avec du blanc de plomb ; le bois de la cabane sera rendu avec de l'ocre jaune pour les clairs et une petite pointe de noir dans du brun pour les ombres.

Boiseries. — La même teinte ci-dessus servira pour faire les boiseries.

Eau tranquille.—Pour y parvenir, servez-vous d'une teinte verdâtre composée de blanc de plomb, d'un peu de bleu et d'une petite pointe de *jaune de chrome.*

Eau agitée. — Il faut la figurer blanchâtre avec un peu de blanc de plomb et un peu de terre verte.

Eau éloignée. — On la fait bien éclairée en la figurant couleur du ciel avec beaucoup de blanc et une petite pointe de bleu.

Terrasses.—La teinte pour exprimer les terrasses se fait avec l'ocre de rue, une petite pointe de brun rouge et du blanc de plomb.

L'acier. — Il se rend avec le bleu de Prusse et deux fois moins de noir de pêche, en y joignant pour les clairs du blanc de plomb.

Le cuivre. — Il se fait avec du blanc de plomb et du *brun rouge,* et quelques autres teintes qu'on apprend facilement par l'usage et sans maître, se souvenant toutefois que la dégradation provient du plus ou du moins de blanc qu'on y ajoute.

Cailloux.—La teinte des cailloux est composée de blanc, d'ocre de rue et d'une petite pointe de noir de pêche.

OBSERVATIONS IMPORTANTES.

Lorsque les fonds sont bien ombrés, il faut les couvrir avec du brun-rouge pour faire disparaître tout le gris de l'estampe.

Vous employez les teintes selon les lois de la perspective : vous les chargez, vous les affaiblissez selon la transparence, la diaphanéité de l'air.

Certes, nous ne commettrons pas la faute de rien ajouter à cette instruction aussi vraie que positive, et qui a été publiée pour la deuxième fois à Amsterdam en 1772. Cela n'a pas empêché un artiste français de se dire et de se faire imprimer, au commencement de ce siècle, comme l'auteur de ce procédé de peinture sur verre.

Procédé pour peindre directement sur le verre, par M. Schelheimer. 1822. (Brevets d'invention expirés, tome XV, p. 3.)—Les couleurs en usage dans ce genre de peinture sont le blanc d'argent, le jaune de chrome, la gomme-gutte, le bleu de Prusse, le noir de fumée, le carmin, le vermillon et la terre d'ombre. Toutes ces couleurs sont broyées avec du vernis gras.

L'on dessine[1] d'abord son sujet et l'on peint en commençant par les teintes de lumière, qui se font avec le blanc, le carmin, le bleu de Prusse et la gomme-gutte, qui sont des couleurs transparentes.

Par exemple, pour représenter un papillon (*voy.* planche 3), on applique d'abord toutes les couleurs transparentes, suivant les nuances convenables, et on le termine avec les couleurs opaques, pour faire ressortir les teintes lumineuses.

Si c'est une marguerite ou un dahlia que l'on veut faire, on pose d'abord une teinte très-légère de carmin et on place ensuite les ombres avec du carmin plus foncé. Pour tous les sujets, tels que fleurs, fruits, oiseaux, papillons, arabesques, etc., on commence toujours par les couleurs transparentes et on termine avec des nuances opaques convenables.

Pour composer les couleurs vertes, on mêle ensemble du bleu de Prusse et du jaune de chrome en quantités suffisantes, qui dépendent des nuances à faire.

Lorsqu'on veut répandre quelque lumière, on grave avec une pointe d'acier dans les parties convenables, et surtout dans les feuilles vertes, qui demandent des détails.

---

[1] On peut employer avec avantage le crayon lithographique.

Quand la peinture est terminée, on pose par-dessus une couche de blanc d'argent broyé avec de la gomme et de l'eau.

L'on peut décorer ainsi des glaces et des miroirs, et, quand on a terminé la peinture, on les fait étamer chez le miroitier, comme on le fait ordinairement pour d'autres objets de ce genre.

Manière de peindre les verres des lanternes magiques. — Les verres des lanternes magiques se peignent avec des couleurs transparentes délayées dans du vernis. Les vernis à l'esprit-de-vin sèchent rapidement, et l'on pourrait, dans une matinée, peindre des verres dont on se servirait le soir ; mais la peinture ne serait pas durable, elle s'écaillerait par l'effet de la chaleur que la lampe fait éprouver aux verres. Il vaut donc mieux, si l'on veut que la peinture ait une plus longue durée, employer le vernis huileux au copal avec lequel on peint les voitures et cette multitude d'objets en tôle et en fer-blanc qu'on trouve dans le commerce. Ce vernis sèche beaucoup plus lentement que celui à l'esprit-de-vin : il laisse donc plus de temps pour soigner l'exécution.

Les couleurs transparentes sont les seules que l'on emploie, si ce n'est lorsqu'on veut intercepter complétement la lumière sur la partie du fond du tableau, afin de rendre plus lumineux l'objet représenté.

Les couleurs transparentes dont on peut se servir sont :

Pour le jaune, la gomme-gutte ou les laques jaunes. La gomme-gutte est soluble dans l'esprit-de-vin.

Pour le rouge, les laques de cochenille ; celles de garance, sont encore plus transparentes et la couleur en est aussi plus brillante à la lumière.

Pour le bleu, le bleu de Prusse et l'outremer le plus foncé.

Ces trois couleurs pourront suffire. Combinées deux à deux, elles donnent naissance à trois couleurs brillantes : l'orangé, le violet et le vert ; réunies toutes les trois, elles se détruisent mutuellement, et, au lieu de couleurs brillantes, elles ne produisent que des noirs, des bruns ou des couleurs sales, dans lesquelles une ou deux des couleurs génératrices peuvent prédominer.

Il n'y a donc de couleurs brillantes que les couleurs simples et les couleurs binaires ; mais, parmi celles-ci, il s'en trouve de naturelles qui sont plus brillantes que celles que l'on produit par un mélange. Les verts de cuivre, par exemple le vert-de-gris cristallisé et le vert de schéelle (l'arsénite de cuivre), sont plus brillants que le vert provenant du mélange du bleu de Prusse et de la gomme-gutte.

Pour les noirs, on peut se servir du noir de charbon ou de fumée calciné.

Pour les bruns, on prend le bitume et le stil de grain brun.

Ces couleurs doivent être broyées en poudre impalpable, et on les délaye à mesure du besoin dans le vernis[1].

Le verre que l'on emploie est le verre à vitre commun, lequel ne s'altère pas à l'air comme quelques verres très-blancs qui contiennent un excès d'alcali.

Le sujet que l'on veut peindre doit être d'abord dessiné sur du papier ; il est alors facile de calquer le trait sur le verre, soit au pinceau, soit avec une plume chargée de noir délayé dans le vernis : on laisse sécher ce trait avant d'appliquer les couleurs. Si l'on emploie le vernis huileux, on peut hâter la dessiccation en met-

---

[1] Si l'on emploie du vernis huileux, les couleurs pourraient être broyées à l'huile comme celles que l'on broie pour les peintres.

tant les verres dans une étuve ou en les exposant au soleil.

Quant à l'application des couleurs, celui qui a quelque pratique de la peinture n'a pas besoin qu'on essaie de lui donner des préceptes.

Pour mieux juger de l'effet des couleurs on pourrait placer le verre sur un pupitre qui aurait au centre une ouverture, au travers de laquelle on apercevrait la lumière du ciel réfléchie par un miroir.

On peut aussi transporter et peindre des estampes sur le verre, comme nous l'avons dit.

Procédé de peinture sur marbre après avoir gravé et incisé le dessin, en le faisant mordre avec de l'acide nitrique étendu d'eau ; par MM. Lisbonne et Crémieux.

(Journal des Connaissances usuelles, 1842, page 55.)

Prenez une feuille de marbre poli d'une dimension analogue au tableau que vous voulez faire.

Cependant, bien que ce procédé puisse avoir lieu sur des marbres polis à l'avance, l'expérience a démontré qu'il y a beaucoup plus d'avantage ou de sûreté à procéder sur des marbres passés à la pierre-ponce seulement, et auxquels on ne rend le poli et le lustre, qui leur sont propres, que quand les opérations de peinture ont été totalement accomplies.

Commencez par établir convenablement votre dessin, et, quand il est terminé, servez-vous pour le décalquer d'une feuille de papier végétal ; mais, pour qu'il se reproduise mieux ou plus nettement sur le marbre, frottez le dessous du papier avec du crayon rouge ou noir, puis appuyez aussi fortement que possible avec une pointe ou une spatule sur les traits du calque.

Lorsque vous avez transporté ainsi l'esquisse du ta-

bleau sur le marbre, vous couvrez, à l'aide d'un pinceau, d'une cire quelconque mise à l'état de fluide par
la chaleur[1], les parties du marbre qui ne portent aucun dessin.

Pour compléter les soins que réclame cette opération, et pour donner au dessin et par conséquent à la
peinture toute la netteté nécessaire, il faut en rectifier
l'intérieur, c'est-à-dire en détacher, avec une pointe
de graveur, la cire qui aurait pu s'y fixer et recouvrir
certaines parties du dessin.

Quand ces premières opérations sont terminées, alors
on répand de l'eau acidulée sur toute la surface du
dessin : plus la peinture doit avoir de corps , c'est-à-
dire plus l'incrustation destinée à la recevoir doit être
profonde, plus il faut verser souvent et par intervalles
de l'acide.

Cependant, quoiqu'il n'y ait pas, à vrai dire, de profondeur bien déterminée pour les incrustations propres
à ce genre de peinture, et qu'elle puisse dépendre du
goût ou du caprice, il n'en est pas moins constant que
les incrustations généralement préférables sont celles
qui comportent environ un demi-millimètre seulement
de profondeur.

Pour opérer convenablement, on met l'acide dans
une petite burette en verre, spécialement propre à le
répandre goutte à goutte sur tous les endroits plus ou
moins étendus et de formes pareilles ou diverses que
peut comporter le dessin pour en représenter les différentes parties. Il est bien entendu, comme il a été indiqué plus haut, que celles qui sont destinées à en mon-
trer, ou plutôt à en devenir le fond, doivent aussi avoir

---

[1] Le vernis de graveur que l'on met au pinceau nous semble bien
préférable.   (*Note du rédacteur.*)

été surchargées ou garnies de cire, ainsi que toute la périphérie du tableau.

Quand on a répandu avec soin sur la surface du dessin autant d'acide qu'il en faut pour en obtenir les incrustations propres à recevoir la peinture, et qu'à cet effet on l'y a laissé opérer pendant un temps convenable (trois minutes environ, eu égard à la profondeur désirée), il est nécessaire d'enlever cet acide, et voici comment : on place la feuille de marbre sur un seau, un auge, un vase quelconque d'une dimension analogue à la sienne, puis, au moyen d'une éponge, on lave avec de l'eau, environ six fois, les empreintes dans lesquelles on a répandu l'acide ; ensuite on enlève la cire ; l'on peut alors, pour l'en détacher, se servir d'une lame métallique ou de tout autre instrument ; ou mieux, on approche la cire du feu en y exposant la feuille de marbre, sur laquelle elle aura été appliquée ; cette feuille recevant ainsi une chaleur douce, mais assez forte pour ramener la cire à l'état fluide, se trouve bien plus promptement nettoyée.

Le marbre et le dessin étant amenés à l'état de netteté qui leur convient, l'on peut alors appliquer la composition ou les diverses couleurs.

Cette application de couleurs peut avoir lieu soit avec de l'essence de térébenthine clarifiée, soit avec de l'huile d'œillet, soit avec de l'huile grasse, soit avec de l'eau gommée, etc., et elle s'exécute à l'aide des brosses ou des divers pinceaux dont les peintres font ordinairement usage.

Lorsque les couleurs ont été distribuées, il faut exposer la feuille de marbre dans un séchoir ordinaire, disposé pour qu'elle ne reçoive qu'une chaleur tempérée, mais propre à sécher convenablement la peinture ; puis, quand elle atteint le degré de siccité nécessaire, on applique sur le tableau plusieurs couches de vernis.

À cet effet, l'on commence toujours, au moyen de brosses ou de pinceaux, à donner la première couche de vernis sur les couleurs, puis on la laisse sécher; après quoi on y passe la pierre-ponce. Ensuite, on donne la seconde couche, puis la troisième et successivement les trois autres couches, en opérant toujours de la même manière, c'est-à-dire en traitant successivement toutes les couches de vernis comme la première, quand elles ont été suffisamment séchées. Ce mode d'application de vernis est le meilleur, le plus commode et le plus prompt pour niveler parfaitement la peinture avec la surface du marbre.

Enfin, quand le nivellement de la peinture et du marbre est exact et complet, on fait subir au tableau l'action ou le frottement d'un tampon composé de laine ou de coton et recouvert avec de la soie ou tout autre tissu propre au même usage : d'abord, on passe fortement ce tampon sur la peinture entièrement vernissée, puis on l'y passe légèrement, et c'est par cette opération, qui dure approximativement une heure, mais dont la durée, toutefois, peut dépendre du genre de peinture, de couleur ou de vernis, qu'on parvient aisément à rendre à la peinture bien vernissée tout le lustre, tout l'éclat que la pierre-ponce lui avait enlevé.

On dore ou argente ces tableaux par les procédés analogues à ceux qu'exige la peinture elle-même. Ainsi, il faut commencer par pratiquer des incrustations avec de l'acide, soit qu'on doive les établir sur certaines parties du tableau, soit qu'il faille les produire sur différents endroits du marbre. Ces nouvelles incrustations permettent d'obtenir une dorure mate ou une dorure brunie, selon les substances et les procédés que l'on emploie.

Dans le premier cas, ou pour la dorure mate, il faut, à l'aide d'une brosse, d'un pinceau, ou même au besoin d'un couteau, remplir les incrustations d'une pâte dite teinte-dure, composée de blanc de céruse calciné et d'huile grasse. Après avoir parfaitement bien étendu et aplani la teinte-dure dans les incrustations, on passe sur les endroits à dorer ou à argenter un vernis composé de gomme-laque et d'esprit-de-vin ; on applique par-dessus une couche d'huile grasse, dite mixtion, composée de vieilles huiles et de gomme-résine ; l'on fait sécher, comme il a été déjà indiqué, et, quand cette couche est arrivée au point de siccité convenable, on applique la feuille d'or, d'argent, etc. ; ensuite, au moyen d'un pinceau, connu sous le nom de putois, l'on enlève les parties non adhérentes : l'on aplanit parfaitement la feuille métallique que l'on vient d'appliquer sur la mixtion, et l'on donne sur cette feuille des couches de vernis, comme il a été expliqué.

Dans le second cas, ou pour la dorure brunie, il faut remplir les incrustations pratiquées sur certaines parties de la peinture avec une teinte rouge, connue sous le nom d'*assiette à dorer*, composée de blanc de Meudon, appelé vulgairement blanc d'Espagne, et de colle de peau, que l'on appelle aussi colle à dorer sur bois. On donne trois couches de teinte rouge sur les incrustations, on aplanit convenablement cet enduit, puis, avant d'y appliquer la feuille d'or ou d'argent nécessaire, l'on mouille simplement d'eau cette partie du tableau, qui en est recouverte. Quand cette feuille métallique est à son tour bien aplanie et assez sèche, on la brunit au moyen d'une pierre propre à cette opération ; enfin, l'on applique les diverses couches de vernis gras, comme il a été dit plus haut, et la peinture est alors terminée.

Autre procédé de peinture sur marbre par absorption des couleurs. (Journal des Connaissances nécessaires 1840, page 575). — Ce procédé a été inventé, en Italie, vers le milieu du seizième siècle et perfectionné, en 1728, par Desmaret, membre de l'Académie des sciences; il a été répété plus tard par deux chimistes anglais, qui ont indiqué les résultats suivants.

1° La dissolution de *nitrate d'argent* pénètre le marbre assez profondément et lui communique une *couleur rouge-foncé.*

2° La solution de *nitro-muriate d'or* le pénètre moins, mais lui donne une couleur *violet-pourpre assez belle.*

3° La dissolution de *vert-de-gris* pénètre le marbre d'une ligne, en manifestant à la surface une couleur d'un *vert clair.*

4° Les solutions de *sang-dragon* et de *gomme-gutte* le pénètrent aussi; la première lui donne une belle couleur rouge, la seconde une couleur jaune. Pour bien faire pénétrer ces deux substances il faut d'abord bien polir le marbre avec une pierre-ponce, faire dissoudre les substances à chaud dans l'alcool, et peindre avec un petit pinceau. Toutes les teintures de bois, celles de Brésil, de campêche, etc., faites avec l'alcool, pénètrent profondément le marbre.

5° La *teinture de cochenille* ainsi préparée, et à laquelle on ajoute un peu d'alun, donne au marbre une *couleur écarlate* très-belle, qui pénètre de deux lignes. Ce marbre ressemble beaucoup à celui d'Afrique.

6° L'*orpiment artificiel*, en solution dans l'ammoniaque, appliqué sur le marbre avec le pinceau, lui donne dans peu d'instants une couleur jaune, qui, exposée à l'air, devient très-vive.

7° A toutes les autres substances employées à cet usage nous devons ajouter la *cire blanche* mêlée à des matières colorantes: on la met en fusion sur le marbre, qu'elle pénètre bientôt.

8° Si l'on fait bouillir du *vert-de-gris* dans de la cire et qu'on l'applique fondue sur le marbre avec un instrument, on voit, si on enlève ensuite la surface, quand la cire est refroidie, que le dessin a pénétré de cinq lignes; la couleur verte en est très-belle, elle imite celle de l'émeraude.

Pour faciliter l'exécution de ce travail, nous allons entrer dans quelques détails. Ainsi, quand on voudra se servir de plusieurs couleurs, l'une après l'autre, sans qu'elles se confondent et sans altérer la netteté et la pureté du dessin, il faudra agir de la manière suivante:

9° On doit employer les teintures obtenues par l'esprit-de-vin et par l'huile de térébenthine sur le marbre tandis qu'il est chaud, surtout quand on traite des figures délicates; mais le sang-dragon et la gomme-gutte peuvent s'appliquer sur le marbre à froid. Il faut pour cela les faire dissoudre dans l'alcool et employer la gomme-gutte la première. La solution de cette gomme est assez claire; mais au bout de quelque temps elle se trouble et donne un précipité jaune dont on se sert pour obtenir une couleur plus vive. Les points tracés par cette dissolution sont ensuite chauffés en passant sur le marbre, à une distance d'un demi-pouce, une lame de fer ou un poêlon rempli de charbon allumé. On laisse ensuite refroidir et l'on repasse de la même manière sur les points où la couleur n'aurait pas pénétré. Quand la coloration jaune est apposée, on y passe la solution de sang-dragon, qui doit être le plus concentrée possible, de la même manière que celle de la gomme-gutte; et, tandis que le marbre est chaud, on peut y appliquer de

la même manière les autres teintures végétales, qui
n'ont plus besoin d'une grande chaleur pour pénétrer
le marbre. Enfin le dessin est terminé par les couleurs
alliées à la cire, lesquelles doivent être appliquées avec
beaucoup de précaution; parce que, par la plus petite
chaleur au-delà du point nécessaire, elles s'étendent
plus qu'on ne veut, ce qui rend ces couleurs moins
propres aux travaux délicats.

Ces couleurs ne devront être appliquées que sur les
endroits où l'on veut qu'elles paraissent et soient fixes :
pour cela on doit jeter dessus de l'eau fraîche de
temps en temps, pendant les progrès de l'opération.

Ces couleurs n'altèrent d'aucune manière celle du
marbre, qu'on doit avoir soin de bien polir avant de le
soumettre à ces opérations : elles sont d'autant plus
belles qu'on emploie moins de couleurs, comme deux
ou trois. Cette nouvelle branche d'industrie ne peut
manquer d'avoir de nombreuses et curieuses appli-
cations.

*Peinture en feuille, qu'on peut appliquer sur les
murailles, etc.*, par M. Hussenot; *brevet d'invention
non expiré.*—Cette peinture donne à l'artiste la facilité de préparer et même d'exécuter entièrement dans
son atelier les tableaux et peintures, soit à l'huile, soit
à la cire et au vernis, qui doivent décorer les murs ou
les plafonds des édifices; on transporte et applique en
suite ces peintures toutes préparées sur les murailles
qu'elles doivent décorer ou recouvrir, et on les y fixe
d'une manière aussi solide, aussi inaltérable que la
peinture elle-même.

Cette opération, qui a une grande analogie avec celle
du rentoilage des tableaux, s'exécute de la manière
suivante.

On tend une toile de la force convenable sur un

châssis ; on l'enduit avec un encollage de gélatine, facilement soluble à l'eau froide ; on y applique plusieurs couches de peinture à l'huile siccative et à la céruse, comme on le fait ordinairement ; on peint ensuite le tableau. Lorsque la peinture est terminée et à demi sèche, on passe par-dessus une couche d'encollage que l'on recouvre d'une toile claire, de sorte que ce tableau se trouve renfermé entre deux toiles ; en humectant légèrement avec une éponge mouillée la première toile, celle qui forme le derrière du tableau, on la détache et on l'enlève avec la plus grande facilité : le tableau est alors soutenu et recouvert par la toile intérieure.

Lorsqu'on veut fixer le tableau sur un mur, il suffit de passer sur celui-ci une ou plusieurs couches de peinture à l'huile ordinaire ; et pendant qu'elle est encore fraîche, on y applique le tableau du côté où se trouvait la première toile. Pour chasser les bulles d'air qui seraient interposées, on passe légèrement le plat de la main à la surface ; la couche de peinture sert de colle et de mordant ; on enlève ensuite la seconde toile, qui recouvre et qui soutenait le tableau, en humectant la surface, comme on l'a fait à la première toile ; la peinture du tableau et celle du mur ne forment bientôt qu'un seul et même corps, qui acquiert, par la dessiccation, une très-grande solidité. On le vernit ensuite comme à l'ordinaire.

Ce qu'il importe de remarquer, et ce qui constitue le principal mérite et la solidité du procédé de M. Hussenot, c'est qu'il n'y a aucun corps étranger, ni colle, ni même de toile, interposé entre les couches de peinture et le mur ; il n'y a rien autre chose que des couches successives et superposées de peinture à l'huile.

Le tableau, protégé par les toiles qui le maintiennent et le recouvrent des deux côtés, est à l'abri des accidents; il est très-flexible, on peut alors le mettre en rouleaux, le transporter au loin et l'appliquer ensuite sur les murs ou sur les boiseries avec autant de facilité que si c'était du papier de tenture.

La peinture de M. Hussenot étant composée uniquement de substances qui constituent la peinture ordinaire à l'huile, elle est conséquemment aussi solide et aussi durable que celle-ci.

L'Académie royale de Metz a constaté qu'une inscription exécutée selon les procédés de M. Hussenot, et placée sur un mur très-exposé à la pluie et au soleil, s'était non-seulement conservée parfaitement depuis plusieurs années, mais qu'on fut obligé de se servir du grattoir pour détacher quelques parcelles de la peinture de cette inscription.

La peinture en feuilles de M. Hussenot peut s'appliquer également bien sur la pierre, sur le plâtre, les bois et les métaux, absolument comme la peinture ordinaire.

Cette peinture est susceptible de recevoir, aussi bien que si c'était du papier, l'impression typographique, lithographique, et même celle de la gravure en taille douce.

On obtient aussi des tentures imitant les étoffes de soies brochées, en soumettant ces tissus, recouverts de feuilles sèches de peinture, à l'action de la presse ou d'un laminoir. (Extrait d'un *rapport fait à la Société d'encouragement* par M. Herpin, année 1845, page 23.)

Autre procédé de peinture sur le carton, la toile, le bois, le métal, d'une exécution prompte et facile, par M. Kingston (*Journal des connaissances nécessaires*, 1839, p. 507). — On enduit la matière sur laquelle on désire peindre d'une couche de couleur broyée à l'huile ou au vernis, ou telle autre substance glutineuse, en lui donnant la couleur qu'on veut. Avant que ladite couleur soit sèche, on jette dessus légèrement, par le moyen d'un tamis, une poudre fine de marbre, de pierre, ou toute autre poudre fine d'une qualité semblable, pourvu qu'elle produise le même résultat, celui d'imiter la surface d'une plaque de pierre unie, mais non polie, et même un peu grenue. Cette première opération peut se faire d'une manière différente, c'est-à-dire en mélangeant la poudre de pierre ou de marbre avec l'huile ou le vernis ; on étend cette couche ainsi mélangée, et l'on obtient le même résultat que dans la première opération : seulement on fera bien de passer légèrement la pierre-ponce sur la surface préparée au moyen du second procédé.

Le grain léger de cette superficie sert à retenir les différentes couleurs qu'on emploie ensuite en poudre, en les appliquant sèches et les étendant sur la superficie préparée dans la disposition qu'on désire, soit comme fond général, fond de ciel ou masses de différentes couleurs, au moyen d'une éponge fine et sèche, d'un morceau de cuir de chamois, ou enfin de toute autre étoffe ou objet convenable pour l'application de ces couleurs en poudre sur la première préparation. On observe ici que le fond obtenu par le mélange de l'huile et de la poudre de pierre ou de marbre, fond grenu ou pierreux, sans poli, étant différent de tout autre fond en usage dans les arts, forme le caractère distinctif du procédé, et devient indispensable à sa perfection.

Par le moyen qu'on vient d'indiquer, les couleurs sont transparentes ; on continue l'opération de frottement ou *frottis* jusqu'à ce que l'effet de masse, qu'on désire obtenir en couleur ou en clair-obscur, soit rendu.

Il ne reste plus qu'à terminer le dessin ; à cet effet, il y a deux moyens principaux à employer :

Le premier consiste à graver d'abord, avec un canif ou une pointe quelconque, les parties où l'on désire obtenir de hauts traits de jour ; ensuite, on dessine avec du crayon de couleur les différents détails du tableau.

Le second moyen consiste à employer des couleurs en poudre délayées à l'eau, avec lesquelles on peint sur les fonds de masse, obtenus par l'opération du frottis.

La mie de pain ou une estompe en liége peut aussi être employée avec un grand secours pour les différentes variétés dont on veut se servir dans la confection et le résultat du travail, la nature des couleurs qu'on emploie le permettant ; on peut aussi employer simultanément le moyen de la gravure à la pointe, les couleurs à l'eau et les crayons.

Mais, dans tous les cas, il est nécessaire de fixer d'abord la première couche au moyen d'un vernis léger, préparé avec de l'esprit-de-vin ou de la gomme. On emploie, à cet effet, deux petites brosses semblables à des brosses à dents un peu larges ; et, les mouillant avec ce vernis, on les frotte l'une contre l'autre : le vernis est alors jeté sur la peinture en manière de pluie légère, rosée un brouillard, et se trouve étendu également.

Il est bon de jeter, au moyen de ces brosses, de l'esprit-de-vin seulement sur les peintures qu'on fera par ces différents procédés, lorsqu'on les emploiera les uns avec les autres, et au fur et à mesure du changement d'opération, afin de fixer chacune de ces différentes couches et les empêcher de se mêler ensemble.

On couvre le tableau, ainsi achevé, d'un vernis à

l'huile fixe ou autre, mais toujours au moyen des brosses. Quand la première couche de vernis est sèche, on peut en appliquer une seconde et même une troisième.

Ces procédés sont applicables à toutes sortes de peintures en usage.

Nouvelle peinture, dite fresque française; par M. Chérot, artiste peintre. — Dans sa séance du 6 juin 1847, la Société libre d'émulation de Rouen a décerné à M. Chérot la médaille d'or pour la decouverte de cette peinture, qui, suivant les témoignages de plusieurs artistes (MM. Bassière, Belloc, Bonnet, Cambon, Ciceri, Clément, Court-Denuelle, Gosse, Paul Gourlier, Lachaise, Rubé, Thierry et Valbrun), paraît réunir toutes les qualités désirables.

« L'auteur enduit les surfaces destinées à recevoir la peinture, ou *fresque française,* d'une préparation particulière ; il emploie, pour appliquer cette préparation, le moyen déjà proposé par MM. Thénard et Darcet, c'est-à-dire le chauffage des surfaces. Pour ajouter encore à la solidité de sa peinture et prévenir les gerçures, M. Chérot incorpore à l'enduit (appelé *mixture*) qui sert à préparer la surface une poussière minérale, rugueuse au toucher, dont les aspérités sont destinées à maintenir la peinture toujours lisse et parfaitement unie.

« Quant à la composition chimique du délayant *mixtural,* les matières qui le forment sont les moins altérables qui existent.

« Cette peinture n'exige aucun vernis ; son aspect est mat comme celui de la peinture à *fresque,* ce qui permet de bien l'apprécier, à quelque point de vue qu'on se trouve placé dans l'édifice. » (Extrait du *Rapport de la séance générale et publique de la Société libre d'encouragement de Rouen,* le 6 juin 1846.)

« Les couleurs sont employées à froid à l'aide d'une mixture délayante ; elles sont particulièrement propres à procurer des tons francs et obtenus du premier coup, comme ceux qui conviennent en général aux peintures de décoration monumentale ; mais elles permettent en même temps tous les changements et corrections qui peuvent être nécessaires ; il est seulement bon d'éviter les surcharges qui pourraient occasionner des gerces ou autres défauts.

« Enfin, ces couleurs peuvent, à volonté, rester découvertes ou être recouvertes d'un vernis également préparé par M. *Chérot.* » (Extrait du *Rapport fait à la Société d'encouragement* par M. Gourlier, le 7 juin 1837.)

M. Chérot n'a pas cru devoir prendre de brevet d'invention ; il garde seulement le secret de la composition et de la préparation de l'apprêt et des couleurs *mixturales ;* mais il en a donné connaissance à l'un des membres du conseil de la Société d'encouragement ; et, envisagées par ce dernier sous le rapport chimique, toutes les préparations indiquées par M. Chérot lui ont paru entièrement propres à produire une peinture solide et durable. Quant aux prix des couleurs, nous savons qu'ils sont les mêmes que ceux auxquels on vend les couleurs à l'huile.

Peinture orientale.

Nous laisserons parler un peintre fort habile, M. Acart, qui a publié, sur ce genre de peinture, un livre très-détaillé et très-instructif.

DES OBJETS NÉCESSAIRES A LA PEINTURE ORIENTALE.

« 1° *Couleurs.*—Les couleurs absolument indispensables sont : 1° *rouge*, le carmin, la laque carminée, la *mine orange*, la terre de Sienne brulée ; 2° *bleu*, cobalt, bleu de Prusse, indigo ; 3° *jaune*, jaune indien, laque jaune, jaune de chrome (pâle) ; 4° blanc d'argent, laque violette, terre de Sienne calcinée, noir de bougie, encre de Chine, cendre verte. Les *verts* s'obtiennent par des mélanges de bleu et de jaune : on verra la manière d'opérer ces mélanges lorsque nous traiterons des feuilles. Les *gris* s'obtiennent en mélangeant de l'encre de Chine avec un peu de laque carminée ; les *bruns* avec de l'encre de Chine et de la terre de Sienne calcinée ; 5° des coquilles d'or et d'argent et des bronze divers pour les reflets métalliques, qui ornent les plumages et les ailes des oiseaux.

« 2° *Brosses*. — Les brosses sont en soie de porc, carrées par le bout et montées dans des tubes de fer-blanc ou de cuivre étamé, dans lesquels elles sont fixées par une forte ligature et mastiquées par-dessus. Le tube reçoit un manche de 14 à 16 centimètres de long, qui est solidement fixé.

« Ces brosses doivent être douces, et cependant offrir une certaine résistance ; leur longueur doit être de 14 à 16 millimètres hors du tube, et leur diamètre au bas de ce tube de 8 à 16 millimètres. Une douzaine de brosses, assorties dans ces dimensions, suffiront pour commencer ; cependant il serait bon, pour économiser le temps, d'adopter une brosse pour chaque couleur. Il faut choisir ces brosses avec soin, et rejeter celles où il se trouverait une ou plusieurs soies plus rudes que les autres, ce qui se sent au bout du doigt, ou celles qui ne seraient pas bien liées ou laisseraient échapper les soies.

« Lorsque, par l'emploi, les brosses, étant trop pleines de couleurs, ont perdu leur souplesse, on les frotte un peu sur un morceau de savon blanc ; puis on les trempe dans un verre d'eau claire, ayant soin de les frotter sur les côtés intérieurs du verre jusqu'à ce qu'elles aient dégorgé toute leur couleur ; ensuite on les essuie bien en les frottant vivement sur un chiffon blanc que l'on doit plier en double ou triple.

« 3° *Les pinceaux.* — Les pinceaux à retoucher sont les mêmes que ceux qui servent à l'aquarelle, à la gouache ou à la miniature : on doit en avoir de moyenne grosseur et de plus petits ; il est essentiel qu'ils fassent bien la pointe. Ceux en martre sont à préférer.

« 4° *Le papier transparent.* — Ce papier est connu dans les magasins sous le nom de papier-verni [1]. Il est essentiel de choisir celui qui a été fabriqué assez à l'avance pour ne pas s'attacher aux doigts, ce que l'on reconnaîtra aisément en appliquant la main à plat sur une feuille pendant quelques instants.

« 5° *Le poinçon à tracer.* — C'est un poinçon ordinaire qui sert à tracer. L'essentiel est qu'il ait une pointe bien fine qui, sans couper le papier ni rayer le sujet dont on prend le calque, donne un trait net et bien visible.

« 6° *Le découpoir.* — Cet outil varie de forme selon le goût des personnes (une bonne lame de canif remplit parfaitement le but proposé). Il doit toujours être bien affilé, afin que le papier verni (ou mieux le papier ciré) que l'on découpe soit tranché net ; pour rétablir le fil de la lame, on devra se procurer une petite pierre à l'huile, dite pierre du Levant, de 18 à 20 millimètres

---

[1] Le papier ordinaire, enduit avec de la cire vierge ou du blanc de baleine que l'on fait fondre et pénétrer avec un fer à repasser chaud, vaut mieux. On le prépare chez soi. (R. de L.)

de large et de 7 à 8 centimètres de long, qui suffira pour cet effet.

« 7° *Les palettes ou godets.*—On peut se servir de palettes en faïence, en terre de pipe ou en porcelaine. Nous conseillons, cependant, de les remplacer par un certain nombre de soucoupes de porcelaine, dans lesquelles les couleurs ne sont pas susceptibles de se mélanger, puisque chaque couleur a sa soucoupe ; on doit faire attention de les préserver de la poussière et de tout ce qui pourrait nuire à la pureté de la couleur que l'on y délaye.

« 8° *Des papiers-cartons et autres accessoires nécessaires.*—On peut, pour commencer, se servir de papier vélin un peu épais et d'un grain très-fin. Les cartons de Bristol sont infiniment les meilleurs pour les ouvrages soignés ; cependant, comme ils sont un peu chers, on les remplace communément par des cartons lisses.

« Les autres accessoires sont : 1° *un morceau de bois de poirier*, de tout autre bois dur, ou mieux un *morceau de glace épais* pour faire des découpures ; 2° *un verre d'eau fraîche*, qu'il faudra renouveler souvent afin de ne pas mélanger une teinte étrangère à la couleur que l'on délayera ; puis quelques *chiffons de vieux linge blanc*, qui serviront à nettoyer les brosses et les découpures ; 3° un morceau de *papier vélin* est indispensable pour garde-main et pour essayer les couleurs avant de s'en servir ; 4° *des punaises* ou *des poids en cuivre*, qui servent à assujettir le papier transparent sur le modèle lorsque l'on veut le calquer. La découpure une fois faite, les poids servent encore à la fixer sur le travail, et, en laissant les deux mains en liberté, ils donnent l'avantage de pouvoir s'en servir sans craindre que la découpure, en changeant de place, ne dénature la forme de l'objet que l'on veut peindre. Les poids ont l'avantage sur les punaises en ce qu'on peut les placer où l'on veut sans qu'ils laissent de marque, tandis que le trou fait par la punaise force à ne s'en servir que vers les coins.

« *Manière de préparer sa couleur.*—La première chose à faire avant de se mettre à colorier un sujet est d'étudier son modèle, c'est-à-dire de se rendre compte des couleurs que l'on doit employer, tant pour les fonds que pour les ombres ; cela étant reconnu, on délaye les couleurs dont on aura besoin, chacune dans une soucoupe particulière ; pour cela on trempe le bout du manche d'une brosse dans le verre d'eau, et on en laisse tomber quelques gouttes dans une soucoupe ; puis on prend une tablette de couleur et on la frotte légèrement et toujours en tournoyant et décrivant des cercles concentriques, jusqu'à ce que la couleur soit assez épaisse.

« Il faut faire attention de ne jamais tremper la tablette dans l'eau, ce qui la ferait gercer et user plus vite.

« Lorsque l'on a obtenu une quantité suffisante de couleur, on cesse de frotter et on a soin de poser chaque tablette dont on s'est servi de façon que la partie mouillée ne touche à rien : pour cela on la pose sur le bord de la boîte qui les renferme en la tenant légèrement inclinée.

« Toutes les couleurs dont on aura besoin étant ainsi disposées chacune dans sa soucoupe, on les laissera sécher et on gardera une ou deux soucoupes blanches pour faire les mélanges ; puis on mettra les autres soucoupes et les couleurs en tablettes à leur place, afin de n'avoir près de soi que ce qui est absolument nécessaire.

« *Manière de préparer les brosses.* — Outre le verre d'eau bien pure, dont nous avons parlé et qui est nécessaire pour humecter les couleurs, il faut encore se munir de deux autres verres vides, dans l'un desquels on mettra, le manche au fond, les brosses destinées aux teintes pures, et dans l'autre, et de la même manière, celles destinées aux ombres ou aux teintes mélangées; car les brosses ne doivent être trempées dans l'eau que pour les nettoyer, comme il a été dit ci-dessus. Il devient nécessaire d'avoir quelquefois deux brosses pour les teintes pures; ainsi celle qui sert au carmin ou au bleu de cobalt ne doit être employée à aucune autre teinte de rouge ni de bleu, ni même à glacer les couleurs elles-mêmes sur un fond d'une autre couleur; dans ce cas, la brosse, en s'imprégnant de la couleur de ce fond, nuancerait la teinte pure que l'on voudrait porter ensuite sur une autre partie du dessin; ce qui exigerait que l'on nettoyât la brosse en la frottant sur un linge fin et légèrement humide; mais, comme on ne peut se servir des brosses que lorsqu'elles sont parfaitement sèches, ces précautions entraîneraient une grande perte de temps, ce que l'on évite en ayant quelques brosses doubles. Les couleurs qui demandent des brosses doubles sont le cobalt, le smalt, le carmin, le bleu de Prusse et le jaune de chrome.

« *Pratique de la peinture orientale.* — On prend un modèle, par exemple celui d'un groupe de pêches et de prunes colorié d'avance, et on examine quelles sont les couleurs employées dans ce sujet, seulement pour les fonds. On voit que les fonds de teintes plates des feuilles sont pour les cinq plus petites feuilles d'un vert pâle, composé d'un mélange de cendre verte et de jaune de chrome, les unes plus grandes coloriées avec de la cendre verte pure, et les autres produites par un mélange de laque jaune et d'indigo ; la tige est faite avec de la terre de Sienne brûlée ; la pêche, avec du jaune de chrome, et la prune, ainsi que les petites fleurs bleues, est faite avec un mélange de blanc et de bleu de Prusse. On prend donc autant de soucoupes qu'il y a de couleurs à délayer. Puis, lorsque la couleur se trouve assez épaisse, on la laisse sécher, et, pendant ce temps on procède à faire le tracé et la découpure.

« *Manière de tracer et de découper.* — On coupe un morceau de papier verni[1] à peu près du double de l'objet que l'on veut imiter ; puis on le pose dessus, laissant une marge de trois doigts à peu près tout à l'entour, afin que la brosse puisse s'étendre sans courir le risque de salir en laissant déborder de la couleur. Pour que ce papier verni ne se dérange pas, on le fixe en posant aux quatre coins les poids en cuivre ou en plomb ; puis, à l'aide du poinçon, on trace tous les contours extérieurs.

« Lorsque le modèle présente des parties de même teinte ou à peu près, ne se touchant pas, on en profite pour les mettre toutes sur la même découpure. Le tracé fini, on ôte les poids, on pose le papier verni sur le morceau de verre et on le découpe, ayant soin de tenir la pointe du découpoir plutôt droite que penchée, et d'appuyer assez fort pour couper net du premier coup ; il faut que la partie découpée s'enlève sans avoir besoin d'être arrachée, sans cela on abîmera la découpure.

« *Manière de peindre les fruits.* — On place la découpure de manière que le dessin se trouve bien au mi-

---

[1] Ou mieux le papier ciré.

lieu ; on fixe cette découpure avec le poids et l'on prend la soucoupe qui contient du jaune de chrome, puis une brosse assez forte ; on en trempe le bout du manche dans le verre d'eau claire, et on en laisse tomber deux gouttes dans la soucoupe sur le jaune de chrome sec ; on essuie ensuite le bout, de peur qu'en appliquant la couleur il ne tombe de l'eau sur le travail ; puis on mouille la brosse en la tournant et retournant sur ces gouttes d'eau, ayant soin de tenir la brosse bien droite et de toujours tourner. Quand la brosse est bien pénétrée de jaune, on prend la soucoupe à la cendre verte, on mouille et on frotte de la même manière jusqu'à ce que l'on ait obtenu une couleur semblable à celle des cinq feuilles pâles de la première feuille du modèle, ce que l'on voit en essayant sa brosse sur le garde-main, toujours en tournant, ce qui sert aussi à faire voir si elle n'est pas trop mouillée ; puis on la porte sur la découpure en frottant et tournant sur le bord d'une des ouvertures des cinq premières feuilles, toujours en formant de petits cercles, comme on l'a fait pour prendre la couleur progressivement, de manière à glisser de la découpure au papier, jusqu'à ce que l'intérieur soit couvert d'une teinte unie. Lorsque la brosse n'a plus de couleur, on s'en aperçoit, parce qu'elle ne marque plus ; on reprend de la couleur et on l'applique sur les autres feuilles de la même manière. On colorie de la même manière les autres feuilles.

« *Enluminure des fruits.*—On place sur le modèle le même morceau du papier verni, s'il est assez grand pour cela ; mais il vaut mieux se servir d'un autre morceau, car il est essentiel que les découpures soient espacées, de manière à ce que la brosse ait assez de place pour pouvoir agir librement sans porter sur une ouverture voisine, surtout lorsque les teintes sont différentes.

« Si l'on prend un second morceau, on le posera
sur le modèle, comme il a été dit plus haut, et outre le
contour de la pêche, que l'on trace avec le poinçon, il
faut avoir soin de tracer aussi trois ou quatre des feuilles
qui l'entourent et qui ne seront pas découpées pour servir de repère et pouvoir poser la pêche à sa place. Le
tracé et sa découpure étant achevés, on pose la pêche
à sa place, en se guidant sur le tracé des feuilles de repère, puis l'on prend du jaune de chrome et du blanc
avec une autre brosse, et l'on met sa teinte comme il
a été expliqué pour les feuilles ; cependant, il est bon
de laisser le milieu de la pêche plus clair que les bords :
à cet effet, on frottera sur les bords de la découpure,
n'avançant que graduellement vers le milieu, ce qui
produira l'effet voulu.

« La teinte plate de la pêche faite, on tracera, découpera et fera raccorder la prune en suivant les mêmes instructions, et l'on prendra pour la colorier du
blanc et un peu de bleu de Prusse, qui donneront la
teinte voulue ; la tige s'ébauche, ainsi que les petites
avec de la terre de Sienne brûlée.

« *Manière de poser les ombres.* — Préparez un mélange d'indigo et de laque jaune, ce qui vous donnera
du vert-foncé. Délayez de la laque carminée et du bleu
de Prusse, à part ; prenez une autre feuille découpée et
appliquez avec deux brosses neuves une très-légère
teinte de bleu de Prusse sur la pêche et une teinte de
laque sur la prune ; la teinte doit être, comme on le
voit, extrêmement légère et graduée d'une manière
uniforme. Maintenant il faut ombrer les feuilles, ce
qui se fait de trois manières : 1° la plus simple est de
poser la même découpure qui a servi à faire les teintes
plates, puis chargeant sa brosse de vert-foncé (laque
jaune et indigo), on brosse en dégradant, commençant

par la base des feuilles. Les nervures se mettent ensuite, ainsi que les queues, au petit pinceau, ce qui se
fait tout en dernier, quand la peinture est achevée ; on
fait de cette manière les cinq plus petites fleurs du modèle, et, en général, toutes les feuilles trop petites pour
supporter les deux autres manières.

« 2° La deuxième manière est plus compliquée, en
ce qu'elle demande deux découpures, mais elle a l'a-
vantage de séparer les feuilles en deux en dégradant la
teinte et de ne laisser que les nervures à faire au petit pinceau. On tracera et découpera sur son papier
transparent une moitié de feuille, puis on forcera vers
la base de la feuille allant en dégradant de ton jusqu'à
l'autre bout ; ce qui, en retirant le découpure, donnera
une moitié de feuille finie. On dépose ensuite la découpure qui a servi à mettre les teintes plates et on
achève d'ombrer avec cette feuille ; on retouche au
pinceau.

« 3° La dernière manière est, sans contredit, la
meilleure, en ce qu'elle ne nécessite aucune retouche
au pinceau et en ce qu'elle présente un fini de travail
que les deux méthodes précédentes n'ont pas, quoique
beaucoup plus longue et plus compliquée. Elle nécessite d'abord deux découpures d'une moitié de feuille
chacune. Tracez donc sur votre papier verni une moitié de feuille seulement, comme dans la manière précédente : on se contente d'y donner une teinte légère,
assez forte cependant pour bien apercevoir le trait à
travers le papier transparent que vous mettrez dessus,
pour tracer l'autre moitié dans un autre endroit du
papier verni et que vous découpez aussi. Voici donc trois
découpures pour cette feuille : d'abord celle qui a servi
à mettre la teinte plate, puis les deux découpures de
chacune ; une moitié de la même feuille ne suffit pas

4

encore ; il faut couper un autre morceau de papier verni en demi-rond ; on pose sur sa feuille déjà préparée par une teinte plate la découpure d'une moitié, puis, plaçant ce petit morceau demi-rond dont onvient de parler dans le sens de la côte, on brosse toujours en commençant vers la partie la plus foncée, jusqu'à ce que cette première côte soit faite ; on recule un peu le papier verni vers l'extrémité de la feuille et on fait une autre côte, puis, en reculant encore, une troisième, et ainsi de suite jusqu'à ce que l'on ait obtenu le nombre de côtes du modèle ; ensuite pour donner de l'harmonie, on retire tout à fait le petit papier rond et l'on donne une teinte générale le long de la côte du milieu ; on enlève alors le papier verni, puis on traite l'autre moitié de feuille de la même manière.

« Pour faire la pêche, on prépare du carmin pur, que l'on emploiera presque sec, ayant soin de faire bien attention au modèle pour la manière de poser les parties claires et foncées ; la gouttière de la pêche se fait en adaptant sa découpure à l'endroit qui fait le creux, de manière à couvrir toute la partie droite ; en appliquant la brosse au carmin le long du papier transparent, on en obtiendra l'effet voulu. Pour le reste de la prune, on suit la même manœuvre, à l'exception que l'on prend la brosse au bleu de Prusse pur, au lieu du carmin.

« La tige s'ombre avec un peu de noir, et les parties tachées des feuilles se font en mettant sur le travail la découpure des feuilles, en commençant ; puis, avec une brosse de terre de Sienne brûlée un peu plus mouillée que pour le travail, on tapote sur les parties correspondantes à celles entachées du modèle.

« Reste à faire les retouches au pinceau : on prend à cet effet un petit pinceau de moyenne grosseur que l'on

trempe dans le verre d'eau claire ; on l'appuie un peu
sur le bord du verre en le retirant pour en faire tomber
ce qu'il y a de trop d'eau ; on prend le vert-foncé et on
en délaye assez en frottant dessus avec le pinceau
mouillé ; pour pouvoir bien le remplir de cette couleur,
on a soin de faire tourner le manche du petit pinceau
dans les doigts sur les bords de la soucoupe pour lui
faire faire une pointe aiguë ; c'est alors que le pinceau
est en état de fonctionner et que l'on doit faire les
queues, côtés et nervures des feuilles, imitant autant
que possible le modèle.

« *Manière de peindre les papillons.* — L'on commence par préparer ses couleurs, qui sont les mêmes
que celles qui ont déjà été indiquées pour les feuilles
ainsi que pour la tige. Les ailes supérieures des papillons demandent du jaune de chrome ou de la mine
orange, de la laque carminée et du bleu de cobalt ; les
ailes inférieures, de la mine orange et de la laque carminée. On se servira de la première découpure pour
former les côtés des ailes supérieures, en suivant les
instructions données ci-dessus pour faire les côtés des
feuilles. Pour obtenir l'effet ombré et moucheté que
l'on remarque sur le bord des ailes supérieures, il suffit de reculer un peu la découpure, de manière à laisser
un espace de papier blanc d'à-peu-près un demi-millimètre. L'on frottera avec une brosse presque sèche le
long de la découpure, puis l'on reculera de même pour
marquer toutes les mouchetures. On agira de même
pour faire le corps de la mine orange et de la laque.
Le corps se fait mieux avec de la terre de Sienne brûlée,
ombrée d'un peu d'encre de Chine. Les ailes inférieu-

---

[1] Le papier doit être préparé, d'abord, avec de la cire, comme il
est dit dans la note page 42.

res se font d'une teinte plate de jaune de chrome ou de mine orangée, ombrée de laque carminée, avec la deuxième découpure. Les mouchetures sont faites en dernier lieu avec de la terre de Sienne et de l'encre de Chine, par le moyen de la troisième découpure. Il faut avoir soin de ménager les clairs des ailes supérieures, Il en est de même de celles du bas, à l'exception qu'il est inutile de rien réserver en blanc, le ton jaune ou orangé qui s'y trouve, est appliqué sur le rose, qui doit être très-clair en cet endroit. Les antennes, ou cornes mobiles, sont faites au pinceau. (*Voyez* planche 4.)

« *Manière de peindre les fleurs.* —Les couleurs des liserons sont : 1° cobalt pur ; 2° jaune de chrome qu'il faut avoir soin de ne pas trop étendre, pour que son mélange avec le bleu ne produise pas une teinte verdâtre. Celles de l'anémone : un peu d'encre de Chine très-légère et ensuite une teinte extrêmement légère de carmin tout à l'entour ; la même teinte de carmin plus foncée au centre et renforcée encore après par des retouches au pinceau de la même couleur. Le centre jaune de chrome ombré de terre de Sienne brûlée.

« *Peinture orientale sur bois.* —Les couleurs, brosses, découpures et généralement tous les accessoires pour peindre sur bois sont les mêmes que ceux déjà nommés, ainsi que la manière de les employer ; cependant, comme la teinte toujours un peu jaunâtre du bois tendrait à donner des tons faux aux couleurs transparentes, il faut ébaucher son ouvrage avec des couleurs opaques, et s'il n'existe pas de couleur opaque du ton que l'on désire, il faut prendre de cette couleur transparente et la mélanger, pour le fond seulement, avec du blanc que l'on glace après avec la couleur transparente. Les couleurs opaques principales sont : 1° Le rouge de Saturne ; 2° le jaune de chrome ; 3° la cendre verte ; et 4° le blanc d'argent. Comme il n'y a aucun rose ni aucun bleu opaque, on mêlera soit avec du carmin ou de la laque, soit avec du bleu de Prusse ou tout autre bleu, du blanc d'argent, et ce mélange donnera un fond opaque, c'est-à-dire qui empêchera la couleur du bois de paraître au travers, ce qui serait arrivé si on avait appliqué le bleu et le carmin pur sur le bois. Si on avait une rose blanche à faire sur papier, il suffirait de marquer les ombres avec un peu d'encre de Chine ou de teinte neutre, le papier blanc ferait le fond. Sur bois, au contraire, il faut, avant de rien ombrer, mettre une couche assez épaisse de blanc sur toute la fleur, ce qui nécessite d'abord une découpure de toute la fleur pour coucher le fond, en sus des autres pour les pétales.

« *La peinture sur albâtre* est la même que celle pour peindre sur le carton.

« *Peinture orientale sur papier de riz.* — Les papillons se font fort bien sur ce papier, qui possède le velouté de leurs ailes ; cependant, comme le travail de la brosse affaisse beaucoup les endroits peints, il faut, pour faire reparaître le velouté, exposer le travail pendant quelques heures dans un endroit froid et humide.

« *Peinture orientale sur draps et velours.* — Même manière de travailler et de faire les découpures ; mais les couleurs doivent être en poudres : on les broie avec une huile préparée qu'on vend chez les marchands de couleurs et un peu d'essence de térébenthine au fur et à mesure qu'on en a besoin.

« *Peinture sur étoffes de soie.* — Sur les étoffes lisses et serrées, comme le satin, on emploie la même méthode que sur carton ; sur le gros de Naples ou la moire, on gouache les fonds. Sur le drap ou les étoffes à duvet, on emploie les mêmes couleurs que sur les velours de coton. »

Peinture ou impressions en or et argent sur étoffes.

Nous donnerons cinq procédés différents, et c'est aux personnes à choisir celui qui leur conviendra le mieux, suivant l'usage auquel il est destiné.

1° On donne d'abord à l'étoffe un apprêt avec de la colle de poisson ou de la gomme adragante. On trace le dessin au pinceau avec un mordant gras, qu'on achète tout préparé chez les marchands de couleurs. Lorsque le mordant poisse les doigts, on applique dessus des feuilles de métal battu. On presse ensuite le métal avec un tampon garni de coton ; on enlève de suite le métal qui n'est point fixé en frottant l'étoffe avec le tampon.

2° On imprime le dessin sur l'étoffe, comme on fait la peinture orientale, au moyen des patrons découpés, avec l'encollage fait à la colle de poisson ; on réimprime deux ou trois couches par-dessus. Lorsque l'étoffe est sèche et qu'on y applique la main humide, elle doit y adhérer légèrement. Placez cette étoffe dans un endroit humide, pendant quelques heures, et posez dessus les feuilles de métal battu ; vous frappez sur le dessin avec une planche parfaitement droite et sèche, en donnant un fort coup qui fixe le métal. On frotte les planches avec du talc en poudre, afin que l'or et l'argent ne s'y attachent pas.

3° *Sur une étoffe claire, comme la mousseline.* — Couvrez une table horizontale avec une peau de chevreuil ou de mouton bien tendue et légèrement graissée avec du suif ; c'est avec un tampon de linge que vous frotterez légèrement la peau ; posez les feuilles de métal battu sur la peau, bout à bout, et couvrez ainsi une place un peu plus grande que le dessin ; ensuite tendez l'étoffe au-dessus et posez-la bien d'aplomb sur les feuilles de métal sans les déranger, et vous peignez sur l'envers de l'étoffe avec une dissolution chaude de colle de Flandre dans laquelle vous aurez fait fondre 60 gr. de gomme galbanum par 500 gr. de colle, ou bien une colle d'amidon épaisse et bien cuite (500 gr. d'amidon sur 3 kilog. d'eau).

4.º *Sur des étoffes très-claires, comme les gazes, tulles, etc.* — Tendez l'étoffe, au moyen d'épingles, sur une table recouverte d'une toile cirée bien vernie et bien lisse ; imprimez dessus une colle d'amidon forte au moyen des patrons découpés, et faites sécher ; l'étoffe adhère alors fortement à la toile cirée. On prépare une couleur à la colle, grisâtre pour l'argent, en ajoutant un peu de bleu de Prusse et de blanc de Meudon, ou de jaune pour l'or ; en employant l'ocre jaune, on ajoute à cette couleur, qui doit être *fortement collée*, 30 grammes de sucre en poudre pour 500 grammes de couleur ; on applique cette couleur au moyen des patrons découpés : par ce moyen on remplit de couleur tous les vides entre les mailles de l'étoffe. Lorsque la couleur imprimée a pris un peu de consistance, on applique les feuilles de métal et on laisse sécher. Le tout étant sec, on nettoie et on enlève l'étoffe de dessus la toile cirée, qui se détachera très-facilement.

De ces quatre méthodes, il n'y a que la première qui donne une dorure assez solide pour supporter le lavage ; mais, malheureusement, le mordant gras communique à l'étoffe une odeur désagréable qui ne passe qu'au bout de quelques mois.

On détrempe encore de l'or ou de l'argent en poudre avec de la gomme adragante ou de la colle d'amidon ; on imprime ce mélange, et ensuite on fait glacer ou cylindrer les étoffes pour donner du brillant au métal. Cette impression résiste assez à la friction, mais on ne pourrait la passer à l'eau.

Voici un dernier procédé que M. Spœrlin de Vienne (Autriche) a communiqué à la Société industrielle de Mulhouse.

On fait fondre 500 grammes de colle de Flandre dans 4 kilogrammes d'eau, et on détrempe avec cette colle de l'argent ou de l'or en poudre, ensuite on y ajoute environ un sixième de dissolution de savon de cire (formée avec 500 grammes de cire vierge, 125 grammes de sel de tartre et 2 kilogrammes 500 grammes d'eau); on imprime ou peint avec ce mélange et on fait sécher; ensuite on prépare une eau alunée (62 grammes d'alun et 2 kilogrammes 500 grammes d'eau), on y passe l'étoffe pendant 5 à 6 minutes, on la rince dans l'eau courante et on la fait sécher, ayant soin de ne pas trop la fatiguer pendant qu'elle est mouillée; lorsqu'elle est sèche, on la fait glacer par un apprêteur.

Peinture gazée imitant la guipure en relief. — On peint ou imprime, sur une gaze ou sur de la mousseline claire, un dessin imitant la guipure, au moyen de patrons découpés, et avec l'un ou l'autre des encollages ou mordants décrits dans le chapitre précédent. Aussitôt que le dessin est achevé, on projette dessus, au moyen d'un tamis, de la soie blanche, hachée mince, comme on fait le papier velouté; on laisse le dessin sécher, après quoi on époussète avec un blaireau ou une brosse douce pour enlever la soie qui n'est pas fixée.

On peut faire ainsi des écrans à main, des pelotes, voire même des stores pour croisées, et, par économie, on peut employer du fil, du coton et de la laine.

Peinture en couleurs veloutées et nuancées. — Cette peinture s'exécute comme la précédente, à l'exception qu'on emploie plusieurs patrons découpés, comme si on voulait faire de la peinture orientale, et des laines hachées, dites tontisses, de diverses couleurs.

Peinture en étoffes de satin. — Nous donnons le procédé suivant, extrait de l'histoire de l'Académie des sciences de Paris, t. IX ; il mérite d'être appliqué pour écrans, sacs, dessus de boîte, etc.

« Quelques curieux, qui étaient fort patients, s'étaient avisés de faire des estampes coloriées d'une manière fort industrieuse : ils prenaient une estampe de papier fort, laquelle représentait une histoire avec des figures de médiocre grandeur, et ils collaient sur toute l'estampe de petits morceaux de satin suivant les couleurs des carnations et des draperies qu'ils figuraient, et, tout étant sec, ils humectaient légèrement le tout avec un peu d'eau fort nette, et ils la faisaient imprimer sur la planche, en observant de placer le papier exactement dans la même place où il était quand on l'avait tiré d'abord ; alors toutes les tailles de la gravure marquaient au trait les contours et le dessin, et donnaient les ombres à leur place et la planche rendait le tout fort uni. »

Du reste, les Chinois nous vendent fort cher depuis quelques années de pareilles peintures, faites à la main, dont les vêtements des personnes sont en étoffes et en relief. Les têtes sont peintes avec des couleurs à la gouache.

Procédés pour décalquer les gravures sur bois non-seulement renversées, mais encore dans le sens naturel de la gravure. (Voir pl. 5.)

(Journal de la société du Bas-Rhin, n° 1, 1827, p. 114.)

On prend une planche de cornouiller, alizier ou érable, veinée ou satinée, de manière à laisser voir que la gravure est posée sur le bois. On applique sur la surface une légère couche de colle forte de Flandre ; on laisse sécher et on polit à sec avec la prêle des ébénistes, pour enlever les petits filaments qui se sont soulevés par la colle. On applique une couche de vernis blanc à l'alcool, ayant soin de ne point croiser les traits du pinceau et de repasser le moins possible sur un trait déjà fait; on laisse sécher; on applique successivement, toujours après dessiccation, trois, quatre, cinq ou six couches de vernis, suivant qu'il est plus ou moins liquide. On coupe les bords de la gravure de manière à ce qu'elle ne soit ni plus longue ni plus large que la planche. On étend la gravure sur une table propre, l'impression du côté de la table; on la mouille entièrement avec une éponge ou de toute autre manière. Lorsqu'elle est bien humectée et également étendue, on la met entre deux feuilles de papier brouillard pour enlever l'eau apparente; on donne une couche de vernis à la planche, et on applique de suite, avant que le vernis se sèche, la gravure du côté de l'impression. A cet effet, on présente un des côtés de la largeur d'une main, et on tient la gravure suspendue de l'autre, et on la rabat successivement sur la planche, de manière à ce qu'il ne se forme aucune poche. On applique une feuille sèche sur le tout, et on passe un linge dessus pour fixer davantage la gravure contre le vernis. Il faut avoir soin de retenir la feuille de papier en dehors de la planche, pour ne pas appuyer sur le vernis, ce qui ferait une impression fâcheuse.

On laisse sécher; quand tout est bien sec, on humecte le papier avec une éponge, et, en passant le pouce sur le papier humecté, on l'enlève en petits rouleaux. Lorsque la gravure commence à paraître, on a soin de promener le pouce en dehors des masses, afin de ne pas enlever les petits filaments sur lesquels repose l'encre d'impression, qui forme ces masses. Lorsqu'on ne peut plus enlever le papier sans courir risque d'enlever de la gravure, on laisse sécher. Par la dessiccation, la gravure disparaît en partie; elle reste encore couverte d'une légère couche de papier.

On donne une couche du même vernis et le papier disparaît entièrement. On laisse bien sécher. Si, par hasard, on avait enlevé quelques petites parties de la gravure, on peut retoucher avec du noir de fumée bien gommé, après avoir poli le vernis comme on va le dire, ayant soin, quand on met une seconde couche de vernis, de passer rapidement sur les parties retouchées. La couche de vernis étant bien sèche, on enlève les petites parties saillantes de papier et on polit avec de la prêle trempée depuis trois ou quatre jours dans l'huile d'olive; on essuie, pour enlever l'huile, avec un linge fin; on saupoudre avec de la poudre à poudrer toute la surface de la planche : la poudre s'empare des dernières parties d'huile; on en dégage la planche en passant la main dessus, et on essuie avec un linge fin. On donne ensuite trois ou quatre couches de vernis, ayant soin de laisser sécher chaque couche; quand la dernière est bien sèche (trois à quatre jours suffisent), on polit le vernis avec un morceau de drap fin, trempé dans la craie fine, délayée dans l'eau.

Il faut avoir soin de tenir la craie humide; si elle se dessèche, il est impossible, en la délayant, de l'avoir aussi divisée qu'auparavant, et on risque, en polissant, de rayer le vernis. Si on se borne à avoir un vernis luisant, après avoir enlevé par l'eau toute la craie, on polit avec la paume de la main humectée légèrement; mais si on veut que le vernis soit brillant, après avoir enlevé avec l'eau la craie, on laisse sécher et on passe sur toute la planche une couche légère de vernis, au soleil ou dans un endroit chaud pour que le vernis s'étende uniformément.

VERNIS BLANC A L'ESPRIT-DE-VIN,

Esprit-de-vin rectifié.... 12 onces.
Sandaraque fine....... 2
Térébenthine fine...... 1/2
Huile de térébenthine... 1/2
Camphre............. 1 gros.

On choisit la sandaraque bien transparente, la moins jaune possible ; si elle n'est pas bien propre, on la lave avec une légère lessive de potasse ; on la lave ensuite à grande eau, et on la fait sécher. Pour les quantités prescrites, on prend une bouteille blanche bien sèche de la capacité de 20 onces. Après avoir pulvérisé la sandaraque, on la réduit par petites parties en une espèce de pâte claire en la triturant avec des portions de l'esprit-de-vin, et on verse successivement dans la bouteille. On met dans le même mortier la térébenthine et l'huile de térébenthine, en les mêlant ensemble ; la térébenthine devient plus liquide, et on lui donne encore plus de liquidité en y ajoutant de l'esprit-de-vin. On verse dans la bouteille, on agite pendant quelque temps pour mêler les matières. On met le camphre dans le mortier, on y ajoute quelques gouttes d'esprit-de-vin et on le pulvérise ; en versant une plus grande quantité d'esprit-de-vin, on le dissout entièrement ; on verse dans la bouteille, on agite la bouteille pendant quelque temps afin de bien mêler les matières ; on la bouche et on l'expose au soleil ou dans un endroit chaud pendant dix à douze jours, ayant soin de l'agiter de temps à autre et de la déboucher pour faire sortir la vapeur et la reboucher ensuite.

APPLICATION DU VERNIS. — On doit placer les objets que l'on veut vernir au soleil ou dans un endroit chaud.

On y applique six, huit ou dix couches de vernis. Il

faut n'appliquer la seconde couche que quand la première est bien sèche ; si on veut avoir une pièce bien belle, il faut polir le vernis, quand la dernière couche est bien sèche, avec de la craie de Champagne bien fine et un morceau d'étoffe trempé dans l'eau ; on mouille ensuite la paume de la main et l'on frotte le vernis jusqu'à ce que le poli soit parfait. Si on veut appliquer un vernis sur le bois, il faut que le bois soit collé auparavant.

Procédé pour imprimer des dessins sur de la gélatine, et les décalquer ensuite sur la porcelaine, etc., avec augmentation et réduction.

Un graveur en taille-douce, le sieur Gonord, a inventé ce procédé d'impression en 1818 ; mais il a tenu son procédé secret, tant qu'a duré son brevet d'invention. A son échéance, en 1833, il a été publié dans le tome XXIV des brevets d'invention ; mais la description est tellement obscure, le procédé est tellement compliqué, qu'on n'y voit qu'une chose, c'est la propriété qu'a une plaque de gélatine de gonfler régulièrement dans l'eau froide et de se rétrécir régulièrement dans l'esprit-de-vin.

D'après cette propriété, M. Brongniart père a fait exécuter le procédé Gonord à la Manufacture royale de Sèvres, mais d'une manière beaucoup plus simple, et par conséquent plus expéditive. Nous copions ses propres paroles :

« On fait une dissolution de gélatine de rognures de parchemin ; c'est la meilleure, elle est limpide. Lorsqu'elle a pris la consistance d'un sirop, on l'étend en couches minces sur une plaque de cuivre ; en se refroidissant, elle se réduit en une feuille qui n'est pas plus

épaisse qu'une feuille de papier fort, et qui donne ce
qu'on nomme le papier glacé.

« On charge comme à l'ordinaire avec des couleurs
vitrifiables la planche gravée dont on veut avoir des
épreuves; on tire une épreuve sur papier dit joseph,
on pose cette épreuve encore fraîche sur la feuille de
gélatine, et l'on décalque la gravure avec une roulette
ou un tampon de feutre. Si l'on veut avoir une épreuve
de la grandeur de la gravure, on pose immédiatement
la feuille de gélatine sur la pièce de poterie vernissée
dont la surface a reçu la mixtion [1], et on opère le décalquage par simple pression à la main ou à la roulette
Mais si on veut avoir des épreuves plus grandes ou plus
petites que l'original, on procède comme il suit.

« *Pour l'augmentation de l'épreuve.* — On met la
feuille de gélatine sur l'eau, ayant soin de tenir la
partie imprimée en dessus. Il se forme un bord de relè-
vement qui empêche l'eau de recouvrir cette surface, et
qui permet à la feuille de gélatine de surnager. On la
voit s'étendre en tous sens avec une grande régularité,
et au bout d'une heure elle a pris toute son extension,
qui peut être de plus d'un tiers. Il faut l'enlever. On
passe dessous une feuille de papier à décalquer [2], on
enlève ainsi la feuille sans mouiller la face imprimée.
On pose cette face de la feuille de gélatine sur la pièce
de poterie mentionnée, et on décalque au moyen de la
roulette ou même avec la main, comme on l'a fait pour
les autres décalquages. Pour enlever la gélatine, on met
la pièce dans l'eau très-chaude; la gélatine s'y dissout
entièrement, et l'épreuve de la gravure reste nette sur
la pièce de porcelaine ou toute autre poterie à glaçure.

[1] Composée d'une eau d'alun très-faible.
[2] Huilé, verni ou ciré.

« *Pour la réduction de l'épreuve.* — On procède exactement comme dans l'opération précédemment décrite, mais on place avec les mêmes précautions la feuille de gélatine imprimée sur un bain d'esprit-de-vin ; on voit cette feuille se rétrécir avec régularité, et en moins d'une demi-heure elle a pu être réduite d'environ un quart.

« Il faut éviter que la partie de la feuille de gélatine qui porte la gravure et qui doit être placée sur la pièce mixtionnée soit mouillée d'esprit-de-vin, car ce liquide dissoudrait la mixtion et s'opposerait au décalquage. On décalque de même et on enlève de même la gélatine au moyen de l'eau chaude.

« Les épreuves restent très-nettes. On peut donner plus d'intensité, et surtout à celles qui sont en or, en les poudrant de couleurs ou d'or en poudre. » *Traité des arts céramiques;* par M. Brongniart, directeur de la manufacture royale des porcelaines de Sèvres, t. II, p. 648.)

Nous ajouterons que le procédé de M. Gonord peut recevoir une application utile et nouvelle, sans avoir recours à l'impression ordinaire. Il suffirait de graver un dessin sur une feuille de gélatine par le procédé décrit, dans le Livre du Dessin. On remplirait les creux avec de l'encre d'imprimeur en taille-douce, et le reste de l'opération se poursuivrait comme il est dit dans les quatre paragraphes précédents. On pourrait aussi imprimer des dessins sur la gélatine au moyen des patrons découpés.

Autres moyens de décalquer les dessins, les gravures et les lithographies sur le verre, le bois, la porcelaine, etc.—PREMIER MOYEN.— On prend ou fait imprimer des lithographies sur du papier enduit d'une ou de deux couches légères de colle d'amidon, à la-

quelle on a ajouté un peu de gomme arabique, dissoute
dans l'eau. On mouille un peu le revers du papier, on
le fait égoutter sur du papier brouillard ou sur de la
flanelle, ou mieux sur des plaques de plâtre, et on l'applique sur le verre, le bois ou la porcelaine, que l'on
enduit, au besoin, d'une couche légère de vernis gras
étendu de douze fois son poids d'essence de térébenthine, ou de vernis à l'esprit-de-vin. Sur le verre une
couche de blanc d'œuf, battu avec de l'alcool, vaut
mieux. On frotte l'envers du papier avec une brosse ou
un tampon en feutre, ou avec une roulette, afin de le
faire adhérer au verre ou au bois. On laisse le dessin
sécher et on fait même chauffer le verre sur des cendres
chaudes, ou devant un feu de cheminée en mouillant
la feuille de papier par derrière. Lorsque le papier est
sec à demi, on le mouille beaucoup avec une éponge,
afin de dissoudre l'encollage et de détacher le papier
seul ; si l'opération a été bien faite, le dessin reste in-
variablement fixé sur la surface en contact.

Deuxième moyen. — Les vieilles gravures et les
lithographies elles-mêmes peuvent être décalquées,
mais on les prépare différemment.

Ainsi, on ramollit l'encre qui forme le dessin soit
en la soumettant à l'action de la vapeur d'eau, soit par
l'ammoniaque liquide, soit par l'essence de térébenthine ou de lavande, soit par un bain de savon,
de soude ou de potasse, qu'on emploie à la tempé-
rature de 50 degrés ; en un mot, on opère comme
s'il s'agissait de dégraisser le papier. On réussit
même plus promptement en imprégnant la gravure
d'une solution de soude caustique, et on trempe
ensuite le papier dans un vase rempli d'eau à laquelle
on ajoute un peu d'acide sulfurique. On met ensuite
la gravure entre des feuilles de papier brouillard

pour enlever le plus d'eau possible. Enfin, on décalque comme il est dit ci-dessus. Si la contre-épreuve est peu marquée, on peut augmenter son intensité en la saupoudrant de crayon noir pulvérisé et de mine de plomb mêlés ensemble.

Si le papier sur lequel se trouve le dessin était collé, on enlèverait d'abord la colle à l'aide d'une solution acétique (vinaigre); alors le papier sera plus susceptible d'être mouillé et détaché.

Autre procédé pour décalquer les vieilles gravures (Technologiste).—Imbibez toute la feuille à transporter avec de l'eau de gomme, posez-la sur un marbre; versez dessus de la soude caustique marquant de 12 à 15 degrés. Laissez agir cet alcali de 15 à 30 minutes, en essayant de temps en temps sur un mot si le corps gras commence à revivre; aussitôt que vous verrez que la soude aura assez agi sur les caractères, jetez de l'eau sur la feuille pour enlever l'alcali. Versez-y de l'essence de térébenthine ou de lavande, elle doit se fixer sur les caractères; laissez séjourner pendant un quart d'heure; tenez cependant la feuille constamment humide.

Prenez une encre composée de :

1/2 partie cire vierge;

    1/2   —   de suif;

    1   —   vernis d'imprimeur faible;

    1/4 térébenthine de Venise;

    1/4 essence de térébenthine;

    1/2 vermillon.

Garnissez de cette encre un petit cylindre ou un tampon recouvert de drap fin, et cherchez à encrer doucement les caractères.

C'est de cette opération que tout dépend ; si l'on s'y prend mal, le corps gras ou le noir quittera le papier pour se marier à l'encre rouge. Si on laisse sécher le papier, le rouge salira ; si l'on tamponne ou promène le rouleau avec un peu de rudesse, on déchirera le papier.

Il faut pour cette opération une grande patience, de la pratique, mais avant tout du jugement.

On fera bien d'avoir un second tampon pour nettoyer.

Manière de peindre les planchers.

(*Manuel des jeunes artistes en peinture*, par M. Bouvier, p. 579.)

Le menuisier ayant fini de poser son plancher, on l'abreuve d'huile de lin très-chaude, qu'on étend partout également avec une grosse brosse ; on laisse sécher cette première couche, qui pénètre bientôt dans le bois, si la saison est favorable.

Quand tout paraît imbu, on remet une seconde couche d'huile très-abondante, comme la première, puis une troisième, et même une quatrième s'il le faut, en laissant toujours sécher la précédente ; enfin, quand le bois en est gorgé, et que l'huile reste à la superficie sans s'emboire, il y en a suffisamment. On laisse sécher ; après quoi, avec un bon mastic de vitrier, [1], l'on

---

[1] Pour que le mastic ou ciment des vitriers soit bon et durable, il doit être fait avec du blanc de céruse, sans mélange de craie, mais on peut y ajouter un peu d'ocre rouge ou jaune ou de noir, etc., pour lui ôter sa couleur blanche. On le délaye avec de l'huile de lin cuite, dont on ne met que la quantité nécessaire pour en faire une pâte très-épaisse qu'on bat et retourne souvent avec un gros rouleau de bois, en plaçant la pâte sur un bloc de pierre bien uni.

remplit soigneusement toutes les fentes ou trous du plancher. Ensuite on peint le plancher avec telle couleur qu'on juge à propos, pourvu qu'il y entre une moitié au moins de blanc de céruse, délayé avec de l'huile de lin ou de noix cuite, mais à froid et sans aucun mélange d'essence, ni d'aucune autre drogue. On laisse sécher à fond cette première couche, on en repose une seconde, puis une dernière plus légère que les autres ; cela suffit pour donner à la peinture une très-longue durée, pourvu qu'on n'emploie ni craie, ni quelque autre mauvais blanc à la place de la céruse, et qu'on ait soin de nettoyer ses pieds avant d'entrer dans cette pièce, pour n'y porter ni sable, ni terre.

Dans des maisons riches où l'on met de la recherche et même du luxe, on peut faire peindre les planchers en tapis de pieds, ayant une rosace au milieu avec des bordures et des fleurons parsemés en compartiments.

Procédé pour faire des tapis de papier, propres à remplacer les tapis de toile cirée (London, Journ. of arts and sciences, mai 1825, p. 324). — Prenez de la toile de lin ou de coton ; coupez des lés pour former la pièce de la grandeur du parquet que vous avez intention de couvrir ; cousez ces lés ensemble. Si c'est de la toile de coton que vous employez, humectez-la ; vous collez ou clouez la toile sur le parquet tout à l'entour de la pièce, en ayant soin de bien l'étendre. Lorsque le tissu cloué ou collé est à sec, collez dessus une ou plusieurs feuilles de fort papier, et finissez par le couvrir avec du papier à tenture de la qualité et de la couleur que vous voudrez, et ajoutez-y une bordure assortie. Les pièces du centre, des angles, etc., peuvent être ajustées d'une manière correspondante à la bordure, suivant le goût. Il n'y a point de nécessité absolue de mettre sur le tissu autre chose que le papier qui forme le modèle du tapis. Après que celui-ci est préparé, comme on vient de le dire, et lorsque la colle, dont on a fait usage pour fixer le papier et la mousseline ensemble, est entièrement sèche, appliquez deux couches de colle-forte pareille à celle qu'emploient les doreurs, ayant soin qu'elle soit aussi chaude qu'il est possible ; il faut aussi qu'il ne reste aucune partie du papier qui ne soit collée, autrement le vernis décrit ci-après pénètrera dans le papier et le gâtera. Lorsque la colle-forte est parfaitement sèche, étendez sur le tapis une ou deux couches d'huile siccative ; celle-ci étant sèche, on ajoute une ou plusieurs couches de vernis gras au copal, ou de tout autre vernis de la même nature, suivant le poli ou le lustre qu'on peut désirer. Les autres vernis à l'alcool sont sujets à gercer ; dans ce cas, l'eau, ou tout autre liquide, peut pénétrer jusqu'à l'huile. Il est vrai que celle-ci, qui ne peut gercer, empêchera ces corps humides d'endommager le tapis et ne permettra ni à l'eau, ni à l'air atmosphérique d'affecter la colle-forte qui sépare le vernis du papier ; l'on pourrait même se dispenser d'employer d'autre vernis que l'huile siccative ; le tapis, dans ce cas, exigera plus de temps pour sécher, surtout lorsqu'il aura été recouvert de plusieurs couches d'huile, ou lorsqu'il aura été enduit en partie d'huile et en partie de vernis. Si les parquets sont compactes, unis et polis, on peut coller sur le bois à nu le papier qu'on a choisi, la toile ou le coton, et on s'en trouvera bien.

Ce procédé est cependant sujet à deux inconvénients: les joints des planches se verront à travers le tapis, et, si les planches venaient à gercer, le tapis de papier se déchirerait au même endroit. Les tapis ci-dessus sont transportables, et on peut les faire hors de l'appartement en prenant les dimensions de la chambre à laquelle on les destine. On rabat et adoucit les coutures et les plis du papier en les frappant. On peut confectionner aussi le tapis sans employer ni toile ni coton : il suffit de coller le papier sur le plancher peint à l'huile, comme on colle un dessin pour le lavis; lorsqu'il est devenu fort et ferme en multipliant les couches du papier, on pourra le séparer de la peinture en le coupant sur les quatre faces, qui ont été collées seulement à l'entour. Ce tapis sera aussi durable que s'il était monté sur toile. Ces mêmes tapis peuvent avoir deux faces, en collant du papier des deux côtés de la toile et achevant l'opération comme on vient de la décrire. Des tapis faits de toile, de coton ou de papier, ou bien composés de ces trois objets à la fois, et qui sont destinés pour des salles, des passages ou d'autres endroits très-exposés à l'humidité, doivent être enduits d'une couche d'huile en dessous et bien vernis en dessus; il faudrait aussi garnir les bords avec du cuir ou quelque autre substance solide et bien empreinte d'huile, pour empêcher l'eau, la pluie, la boue, etc., de pénétrer dans la colle. Il faut que celle dont on se sert dans la préparation des tapis de papier soit très-forte et sans grumeaux. Lorsqu'on la retire du feu, on doit la remuer jusqu'à ce qu'elle soit froide. Les papiers employés pour tapis doivent avoir suffisamment de gomme ou de colle pour les mettre en état de résister aux effets de la colle chaude. Les papiers peuvent être imprimés à l'huile, en appliquant sur l'envers du papier une forte couche de colle, ce qui empêchera l'huile de le pénétrer; autrement on ne peut le coller sur toile, sur coton ou tout autre chose. Le papier ainsi préparé et imprimé n'aura besoin ni de colle entre les couleurs, ni d'huile bouillante, comme on l'a dit ci-dessus. Voici comment on nettoie ces tapis : D'abord il faut en ôter la poussière, ensuite on les frotte avec une éponge humide ou un morceau de drap, après cela on les lave avec du lait. S'ils ont besoin d'être vernis de nouveau, nettoyez-les comme on vient de le dire; ensuite lavez-les avec de l'eau de chaux pour enlever la graisse, et appliquez-y le vernis autant de fois que vous voudrez. Sont-ils totalement décolorés, il faut les laver complétement avec une lessive de potasse, qui enlèvera le premier vernis. On peut ensuite les vernir et les coller comme on l'a fait la première fois, et les couleurs seront aussi fraîches que quand on les a appliquées auparavant.

Procédé de peinture des tableaux pour dioramas.

Inventé par M. DAGUERRE.

La toile doit être peinte à deux effets, c'est-à-dire avec deux effets différents, éclairés alternativement par devant et par derrière. Dans cette vue on choisit un tissu très-transparent et le plus égal possible. On peut employer de la percale ou du calicot pour l'exécution des grands tableaux. Il est nécessaire de choisir l'étoffe d'une grande largeur, afin d'avoir le plus petit nombre possible de coutures, qui sont toujours difficiles à dissimuler, surtout dans les grandes lumières du tableau.

La toile est tendue sur un châssis en bois, et on lui donne de chaque côté deux couches de colle de parchemin au moins. Le premier effet, qui doit être le plus clair, s'exécute sur le devant de la toile. On trace d'abord le dessin avec de la mine de plomb[1], en ayant soin de ne pas salir la toile dont la blancheur est la seule ressource que l'on ait pour donner les lumières au tableau. Les couleurs transparentes dont on fait usage sont broyées à l'huile, mais employées sur la toile avec de l'essence à laquelle on ajoute un peu d'huile grasse, seulement pour les vigueurs; du reste, on peut les vernir sans inconvénient. Les moyens que l'on emploie pour cette peinture ressemblent entièrement à ceux de l'aquarelle, avec cette seule différence que les couleurs sont broyées à l'huile au lieu de gomme, et étendues avec de l'essence au lieu d'eau. Nous ferons observer qu'on ne peut employer ni blanc de plomb, ni aucune couleur opaque quelconque mise par épaisseur, qui produirait, quand on éclairerait le second effet peint par derrière, des taches plus ou moins teintées, selon leur plus ou moins d'opacité. Il faut tâcher surtout d'accuser les vigueurs du premier coup, afin de détruire le moins possible la transparence de la toile.

Le second effet est peint derrière la toile, que l'on place devant une croisée bien éclairée. Par ce moyen, on aperçoit, par transparence, les formes et les couleurs du premier effet; ces formes doivent être conservées ou annulées.

On glace d'abord, sur toute la surface de la toile, une couche de blanc de plomb le plus pur, broyé à l'huile et détrempé avec de l'essence. On efface les traces de la brosse au moyen d'un blaireau. Avec cette couche de blanc, on peut dissimuler un peu les coutures, en ayant soin de la mettre plus légère sur les lisières, dont la transparence est toujours moindre que

---

[1] Le crayon noir à dessiner ou le fusain nous semble meilleur.

celle du reste de la toile. Lorsque cette couche est sèche, on trace les changements que l'on veut faire au premier effet.

Dans l'exécution du second effet, on ne s'occupe que de modeler en blanc et en noir, sans s'inquiéter des couleurs du premier tableau, qui s'aperçoivent par transparence. Le modelé s'obtient au moyen d'une teinte dont le blanc est la base, et dans laquelle on met une petite quantité de noir de pêche : on obtient un gris dont on détermine le degré d'intensité en l'appliquant sur la couche de derrière et en regardant par devant pour s'assurer qu'elle ne s'aperçoit pas. On obtient alors la dégradation des teintes par le plus ou moins d'opacité de cette teinte.

Il arrivera que les ombres du premier effet viendront gêner l'exécution du second Pour remédier à cet inconvénient, et pour dissimuler ces ombres, on peut en raccorder la valeur au moyen de la teinte employée plus ou moins épaisse, selon le plus ou le moins de vigueur des ombres que l'on veut détruire.

On conçoit qu'il est nécessaire de pousser ce second effet à la plus grande vigueur, parce qu'il peut arriver que l'on ait besoin de clairs à l'endroit où se trouvent des vigueurs dans le premier.

Lorsqu'on a modelé cette peinture, avec cette différence d'opacité de teinte, et qu'on a obtenu l'effet désiré, on peut alors la colorer en se servant des couleurs les plus transparentes, broyées à l'huile. C'est encore une aquarelle qu'il faut faire ; mais il faut employer moins d'essence dans ces glacis, qui ne deviennent puissants qu'autant qu'on y revient à plusieurs reprises et qu'on emploie plus d'huile grasse. Cependant, pour les colorations très-légères, l'essence seule suffit pour étendre les couleurs.

Éclairage. — L'effet qui est peint sur le devant de la toile, et qui doit être vu directement, est éclairé par la lumière qui vient d'en haut. Le tableau peint par derrière, qui doit être vu par transparence, est éclairé par des croisées verticales, et qui sont fermées lorsqu'on voit le premier tableau seulement.

Ce procédé de peinture peut être employé pour faire des stores, de petits écrans à main, des sujets pour la lanterne magique, la fantasmagorie ; il suffit alors de tendre de la mousseline, de la tarlatane ou de la gaze, sur une carcasse en fil de fer, de la grandeur et de la forme convenables.

PEINTURE DES STORES ET DES ÉCRANS TRANSPARENTS.

Sur mousseline. — Vous bordez le pourtour de la mousseline sur laquelle vous voulez peindre avec un ruban de fil cousu à point de surjet, et vous la tendez, après l'avoir mouillée, sur un cadre ou un grand métier à broder.

D'abord vous avez fait tremper de la gomme adragante coupée en morceaux dans de l'eau pendant douze heures ; elle se gonfle et absorbe entièrement l'eau.

Vous y ajoutez encore une certaine quantité d'eau et vous la faites chauffer pour obtenir une dissolution parfaite et qui soit un peu claire. Vous retirez la dissolution de dessus le feu pour la faire tiédir, et, avant qu'elle soit prise en gelée, vous en appliquez une couche sur la mousseline avec un pinceau dit queue-de-morue. Vous laissez sécher la mousseline.

On emploie aussi, pour encoller la mousseline, de la gélatine ou de la colle de poisson qu'on fait tremper dans de l'eau, comme la gomme adragante, pendant douze heures, après l'avoir battue avec un marteau. Lorsque la colle de poisson est gonflée, on la pile dans un mortier et on la réduit en une gelée transparente qui se fond facilement. L'encollage à la colle de poisson est le meilleur et le plus cher.

Lorsque la mousseline est sèche, vous esquissez dessus votre dessin avec un fusain, où vous l'imprimez par le procédé de l'imprimure que nous avons indiqué plus haut. Vous ajustez ensuite votre châssis perpendiculairement devant une croisée, de façon que la lumière frappe dessus directement, et vous peignez à la manière des artistes peintres.

Les couleurs le plus ordinairement employées pour ce genre de peinture sont : le carmin, les laques, la gomme-gutte, le bleu de Prusse et généralement toutes couleurs transparentes, soit en pierre, soit en poudre. On les broie avec une quantité suffisante d'essence de térébenthine et même avec un peu de vernis copal, le plus blanc possible ; on pose les différentes teintes les unes après les autres, c'est-à-dire on pose les teintes claires d'abord, et on les laisse sécher ; puis, lorsqu'elles sont sèches, on revient dessus pour faire les demi-teintes ; celles-ci étant sèches, on repeint dessus, et ainsi de suite, jusqu'à ce que la peinture soit achevée.

L'on peint aussi sur mousseline avec des couleurs de gouache ; et ce genre est le plus usité en Chine, d'où nous retirons une grande quantité d'écrans, qui sont du reste fort laids et peu solides.

Sur soie. — Généralement on n'encolle pas la soie, pour ne pas lui enlever le brillant ; on peint dessus, lorsqu'elle est bien tendue sur un cadre, soit avec des couleurs de gouache qu'on gomme un peu plus, et

qu'on pose sans épaisseur, soit avec des couleurs transparentes broyées à l'eau gommée avec un peu de fiel
de bœuf purifié ou avec de la dextrine et de l'alcool,
soit avec des couleurs broyées à l'huile et délayées avec
de l'huile grasse et de l'essence de térébenthine.

TABLE.

FIN DE LA TABLE.

www.ingramcontent.com/pod-product-compliance
Ingram Content Group UK Ltd.
Pitfield, Milton Keynes, MK11 3LW, UK
UKHW020949140726
13695UKWH00003B/1304